全 世 界 无 产 者 ， 联 合 起 来 ！

恩 格 斯

德国农民战争

中共中央 马克思 恩格斯 著作编译局编译
         列 宁 斯大林

人民出版社

编 辑 说 明

　　马克思、恩格斯和列宁的著作是马克思主义的理论原典,是学习、研究、宣传和普及马克思主义的基础文献。为了适应马克思主义中国化、时代化、大众化不断推进的形势,满足广大读者多层次的需求,我们总结了迄今为止的编译经验,考察了国内外出版的有关读物,吸收了理论界提出的宝贵建议,精选马克思、恩格斯和列宁的重要著述,编成《马列主义经典作家文库》。

　　文库辑录的文献分为三个系列:一是著作单行本,收录经典作家撰写的独立成书的重要著作;二是专题选编本,收录经典作家集中论述有关问题的短篇著作和论著节选;三是要论摘编本,辑录经典作家对有关专题的论述,按逻辑结构进行编排。

　　文库编辑工作遵循面向实践、贴近群众的原则,力求在时代特色、学术质量、编排设计方面体现新的水准。

　　本系列是《马列主义经典作家文库》的著作单行本,主要收录马克思、恩格斯和列宁的基本著作以及在各个历史时期的代表性著作,同时收入马克思、恩格斯和列宁在不同时期为这些著作撰写的序言、导言或跋。有些重点著作还增设附录,收入对理解和研究经典著作正文有重要参考价值的文献和史料。列入著作单行本系列的文献一般都是全文刊行,只有马克思恩格斯的《德意志意识形态》、马克思的经济学手稿以及列宁的《哲学笔记》等篇幅较大的著作采用节选形式。

著作单行本系列所收的文献均采用马克思、恩格斯和列宁著作最新版本的译文,以确保经典著作译文的统一性和准确性。自1995年起,由我局编译的《马克思恩格斯全集》第二版陆续问世,迄今已出版24卷;从2004年起,我们又先后编译并出版了《马克思恩格斯文集》和《马克思恩格斯选集》第三版。著作单行本系列收录的马克思恩格斯著作采用了上述最新版本的译文,对未收入上述版本的马克思恩格斯著作的译文,我们按照最新版本的编译标准进行了审核和修订;列宁著作则采用由我局编译的《列宁全集》第二版、第二版增订版和《列宁选集》第三版修订版译文。

著作单行本系列采用统一的编辑体例。每本书正文前面均刊有《编者引言》,简要地综述相关著作的时代背景、理论观点和历史地位,帮助读者理解原著、把握要义;同时概括地介绍相关著作写作和流传情况以及中文译本的编译出版情况,供读者参考。正文后面均附有注释和人名索引,以便于读者查考和检索。

著作单行本系列的技术规格沿用《马克思恩格斯全集》第二版和《列宁全集》第二版的相关规定。在马克思、恩格斯、列宁著作的目录和正文中,凡标有星花*的标题都是编者加的;引文中的尖括号⟨ ⟩内的文字和标点符号是马克思、恩格斯、列宁加的;未注明"编者注"的脚注,是马克思、恩格斯、列宁的原注;人名索引的条目按汉语拼音字母顺序排列。在马克思恩格斯著作中,引文里加圈点处是马克思、恩格斯加着重号的地方,目录和正文中方括号〔 〕内的文字是编者加的。在列宁著作中,凡注明"俄文版编者注"的脚注都是指《列宁全集》俄文第五版编者加的注,人名索引中的条头括号内用黑体字排印的是相关人物的真实姓名,未加黑体的则是笔名、别名、曾用名或绰号。此外,列宁著作标题下括号内的日期是编者加的;编者加的日期,公历和俄历并用时,俄历在前,公历在后。

中共中央 马克思 恩格斯 著作编译局
　　　　 列　宁 斯大林

2014 年 6 月

目　　录

编者引言 ………………………………………………… *1*

1870 年第二版序言 …………………………………… 3

1870 年第二版序言的补充 ………………………… 13

德国农民战争 …………………………………… 21

一 ………………………………………………… 22

二 ………………………………………………… 35

三 ………………………………………………… 57

四 ………………………………………………… 73

五 ………………………………………………… 79

六 ………………………………………………… 108

七 ………………………………………………… 119

附录

弗·恩格斯 *论封建制度的瓦解和民族国家的产生 ········ 129

弗·恩格斯 关于《农民战争》 ·································· 140

注释 ·· 143

人名索引 ··· 165

插　图

恩格斯的《德国农民战争》 ······································· 22—23

16世纪的德国农民战争 ··· 34—35

德国农民战争示意图 ··· 72—73

编 者 引 言

《德国农民战争》是恩格斯在总结德国 1848—1849 年革命经验的过程中撰写的一部重要的马克思主义史学著作。

1848—1849 年,欧洲爆发了资产阶级民主革命。这场革命在 1848 年初意大利民众反抗封建统治的起义中揭开了序幕;紧接着,法国发生二月革命,在各国引起强烈反响,声势浩大的斗争浪潮开始席卷欧洲。在这种形势推动下,1848 年 3 月柏林爆发武装起义,革命烈火迅速燃遍德国各地。在德国境内,领导这场革命的是资产阶级,而在整个革命进程中始终站在斗争前沿、发挥主力作用的却是工人阶级。随着革命的深入,德国资产阶级对工人阶级的崛起越来越感到恐惧。在同封建统治者的较量中,他们从犹豫退缩到妥协动摇,直至彻底背叛革命,同反动势力相勾结,摧残和迫害革命的工人、农民和城市小资产者,使轰轰烈烈的革命遭到了失败。在欧洲其他国家,革命也相继失败,工人运动和民主运动转入低潮。

马克思和恩格斯亲自参加德国革命,同时密切关注各国的形势,认真分析和研究欧洲这场革命的进程,在他们共同创办的《新莱茵报》上发表文章,运用《共产党宣言》阐明的科学理论和革命策略及时指导工人阶级的斗争实践。革命失败后,他们科学地分析这场革命的原因、性质和动力,全面地总结革命的经验教训,撰写了一系列著作,进一步丰富了唯物史观和科学社会主义理论。《德国农民战争》就是其中的重要著作之一。

一

恩格斯撰写《德国农民战争》的直接动因,是要让德国工人阶级了解本国的革命传统和先辈的斗争历史,从中获得启示和教益,汲取智慧和力量。

1848 年革命失败以后,在德国反动势力的压迫下,工人运动从高涨走向低落,由勃兴变为沉寂。工人群众及其领导者一度悲观失望、情绪低沉,看不到光明的前途和胜利的希望。面对这种形势,恩格斯认为,德国人民自己的光荣革命传统和斗争经历是极具现实意义的精神财富,可以用来激励德国工人阶级的斗志,重新点燃他们的革命热情。恩格斯在《德国农民战争》的开头写道:

"历时两年的斗争过去以后,目前几乎到处都是一片消沉。在这种情况下,把伟大的农民战争中那些笨拙的,但却顽强而坚韧的形象重新展现在德国人民面前,是很合时宜的。"(见本书第21页)

为此,恩格斯充分利用已有的史料,采用生动细致的笔法,为广大读者描绘和展现了 15 世纪末至 16 世纪初德国农民前仆后继、顽强斗争的历史画卷。在这部著作中,人们既看到遍布德国各地的农民组织一往无前、百折不挠的斗争实况,又看到以托马斯·闵采尔为代表的农民领袖坚贞不屈、视死如归的英雄群像;既看到农民起义军浴血奋战、抗击强敌的壮烈场景,又看到农民革命家深入各地开展宣传鼓动和组织工作的艰辛历程。

事实证明,这部思想深刻而又饱含深情的著作在工人群众及其领导者中间引起了强烈的共鸣。恩格斯生动地描述了300年前德国农民饥寒交迫的生活、备受凌辱的处境、失去自由的痛苦和渴求解放的心情,使300年后的德国工人感同身受,如临其境,进一步激起了对阶级剥削和阶级压迫的愤恨;恩格斯在书中真实地再现了德国农民揭竿而起的过程、同仇敌忾的斗争、越挫越勇的毅力和宁死不屈的气概,特别是详细地介绍了德国农民与平民在300年前所怀抱的消除一切剥削、实现财产公有的社会理想,使广大工人群众深受启发和鼓舞,增强了在科学理论指引下为自身解放而奋斗的勇气和信心。

总之,在欧洲反动时期,恩格斯及时推出的这部著作使工人们在逆境中重新振奋起革命精神。这是一部历史著作,但它具有极强的现实针对性和革命感召力;它曾多次再版,在工人群众中深受欢迎、广为流传,为促进工人运动走出低谷、重现高潮发挥了重要作用。

二

恩格斯撰写《德国农民战争》的主要目的,是通过对历史与现实的比较和分析,科学地总结德国1848—1849年革命的经验和教训,引导德国工人运动沿着正确方向稳步发展。

1848—1849 年的德国革命运动与 1525 年的德国农民革命运动相距 300 年之久,但在恩格斯看来,这两次革命运动有着惊人的相似之处和共同的经验教训。

首先,两次革命都是被压迫阶级为争取自身解放而进行的正义斗争,两次革命都同样遭到了失败,失败的一个重要原因都是由于革命阵营内部出现了叛徒,而充当叛徒的又是同一个阶级。在 1848—1849 年革命中,背叛革命的是资产阶级;而在 1525 年革命中,背叛革命的则是以马丁·路德为代表的市民阶级,这个阶级投靠封建诸侯和天主教反动势力,对农民与平民组成的革命派进行血腥屠杀。恩格斯指出,16 世纪的市民阶级就是 19 世纪资产阶级的前身。因此,他在《德国农民战争》的引言中强调:

"自从农民战争以来,300 年过去了,有些事物已经改变;然而农民战争同我们今天的斗争相去并不甚远,要反对的敌人大部分还是相同的。我们将会看到,1848 年和 1849 年到处叛变的那些阶级和那些阶级中的某些集团,其实早在 1525 年就已经是叛徒了,不过当时是处于较低的发展阶段而已。"(见本书第 21 页)

其次,两次革命之所以失败,还有一个相同的原因,那就是地方狭隘性严重地影响了革命阵营的联合行动和紧密团结。在 1525 年革命中,"地方和各省区的分裂割据状态以及由此必然产生的地方和省区的狭隘性断送了整个运动"(见本书第 122—123 页)。起义的农民各自为阵、互不关心;而农民与平民又彼此分离、不通声气,从未"采取过集中的全国性的行动"(见本书第 123 页),结果被协同作战的反动势力各个击破。在 1848 年革命中,参加运动的所有阶级所表现的地方狭隘性同样非常严重。各阶级的利益"互相冲突,每一个阶级都自行其是"(见本书第 123 页);就连工人阶级内部也缺乏紧密的联系,没有统一的步调。因此,在资产阶级背叛以后,革命力量很快就在反动势力的联合进攻下陷入困境,遭到溃败。

恩格斯认为,工人阶级应当在历史与现实的比较中深入反思、获得启迪。首先,他们应当清醒地认识自己的伟大历史使命,洞察资产阶级的本质,在任何时候都要警惕并揭穿这个阶级的谎言和骗局,准备同它进行最坚决的斗争,要牢牢掌握革命的主动权,决不让工人阶级成为资产阶级"巩固其阶级统治"的"垫脚石"(见《马克思恩格斯选集》第3版第1卷第653页)。其次,工人阶级应当深刻地认识农民的历史地位和革命精神,把农民看成是"人数最多的天然同盟者"(见本书第11页),与农民联合起来,共同为改造旧世界、建设新世界而奋斗。第三,工人阶级应当认识加强革命队伍团结和采取正确斗争策略的重要性,坚决摒弃一切地域的、行业的、宗派的狭隘性,联合一切可以联合的力量,同心同德打击最主要的敌人。

在《德国农民战争》的结尾,恩格斯还以极其凝练的文字论述了1525年革命与1848年革命的本质区别。他指出,"1525年的革命是一次德国的地方性事件",一旦失败就难以重新崛起;而1848年的革命"是伟大的欧洲事件的一个部分","它的动因并不是局限于一个国家的狭窄范围之内,甚至也不是局限于一个洲的狭窄范围之内",曾经作为这次革命的舞台的那些国家"将在目前席卷整个世界的一场运动的进程中受到改造"。(见本书第124页)因此,革命的高潮必将到来,工人阶级现在就必须做好思想上、组织上和策略上的充分准备。

如果说,恩格斯分析1525年革命与1848年革命的相似之处,是为了引导工人阶级从失败中汲取教训、增长睿智,那么,他论述这两次革命的本质区别,则是为了让工人阶级认清形势、树立信心。我们看到,恩格斯在这部著作中将历史比较的科学方法运用到了极致,在最关键的时刻,用最清晰的语言让工人群众明白:什么才是革命者必须具有的远见、胸怀和胆识。

<h1 style="text-align:center">三</h1>

恩格斯撰写《德国农民战争》,不仅有指导革命斗争的现实目的,而且有传播科学理论的深远考虑。

19 世纪中期,唯心史观还统治着德国思想、文化和学术舞台。在历史研究领域,这种情况尤为突出。不同学派的资产阶级学者在评价具体历史事件和具体历史人物时,往往歧见迭出、争论激烈,但他们的基本立场、基本观点和基本方法却始终是一致的:他们都"在每个时代中寻找某种范畴",而不是立足于"现实历史的基础";他们都"从观念出发来解释实践",而不是"从物质实践出发来解释各种观念形态"。(见《马克思恩格斯文集》第 1 卷第 544 页)对于发生在 16 世纪初期的德国宗教改革和农民战争,资产阶级历史学家就是用这种唯心主义的历史观来考察和评析的。他们的研究远离当时经济社会的实际背景,仅仅着眼于神学思想的论争、宗教信仰的对立和政治理念的分歧,总是"把某一个时代的意识形态家们关于那个时代的一切幻想当做确凿的事实"(见本书第 36 页),看不到"在这些大震荡中,始终贯穿着阶级斗争"(见本书第 36 页),看不到"16 世纪的所谓宗教战争首先也是为着十分实际的物质的阶级利益而进行的"(见本书第 36 页),因而也就从根本上否认人民群众推动历史前进的伟大作用。由于这些原因，资产阶级学者不可能对上述重大历史事件的原因、进程、意义和结果进行中肯的分析，得出正确的结论。

恩格斯敏锐地察觉到了唯心史观的盛行对工人阶级的消极影响。在撰写《德国农民战争》时，他设定的一个明确目标就是：运用唯物主义历史观对农民战争的全过程进行科学分析，指出农民革命是推动历史发展和人类进步的正义事业，驳斥资产阶级污蔑农民起义的种种谬论，同时也对德国宗教改革运动的性质和影响做出实事求是的评价。恩格斯清楚地阐述了自己的意图：

"我的论述打算通过对这场斗争的历史进程的简要叙述，来说明农民战争的起源，参加这一战争的各种党派的立场，这些党派企图借以弄清自己立场的那些政治的和宗教的理论，以及从当时这些阶级的历史地存在的社会生活条件中必然产生的斗争结局本身；这就是说，我是打算指明：当时德国的政治制度，反对这一制度的起义，以及当时那个时代的政治的和宗教的理论，并不是当时德国农业、工业、水陆交通、商品交易和货币交易所达到的发展程度的原因，而是这种发展程度的结果。这个唯一唯物主义的历史观不是由我，而是由马克思发现的，这个历史观还见于他在同一个《政治经济评论》杂志上发表的论述1848—1849年法国革命的著作，以及《路易·波拿巴的雾月十八日》一书。"（见本书第4页）

《德国农民战争》完整地体现了上述思路。这部著作对唯物史观的阐释方式不同于《德意志意识形态》等论著。它不是侧重于精湛的理论概括和缜密的逻辑论证，而是着力于细致的历史描述和中肯的事实分析，将唯物史观的精髓渗透在环环紧扣的讲述和深入浅出的评析之中，使广大工人更容易接受和领悟。这是恩格斯首创的理论诠释方式,这种方式与其他经典著作的论述方式异曲同工、相得益彰。正因为贴近群众、贴近实践,《德国农民战争》在发表以后的漫长岁月里历久弥新,一直是传播历史唯物主义理论的生动教材。

四

19世纪40年代,马克思主义的诞生在史学领域引起了一场深刻的革命。《德国农民战争》就是在这场革命中应运而生的里程碑式的力作。这部著作为史学这门古老学科开启了前所未有的新境界,是马克思主义史学研究的经典范例。

唯物史观和唯物辩证法的创立,为历史研究指明了正确的方向,提供了科学的方法,但唯物史观和唯物辩证法不可能代替具体的历史研究。马克思主义者应当怎样研究历史?马克思主义史学著作应当具有怎样的理论品格和学术风格?史学怎样才能成为一门真正意义上的科学?在马克思主义史学初创时期,这是亟需回答的基本问题。

马克思说过:"万事开头难,每门科学都是如此。"(见《马克思恩格斯文集》第5卷第7页)恩格斯正是在马克思主义史学刚刚起步的时刻,为这门学科的建设破解了难题,树立了标杆,开了个好头。对于上面提到的那些基本问题,恩格斯没有用抽象的理念进行笼统的论述,而是用自己的研究实践及其成果作出了生动具体的回答。在《德国农民战争》中,恩格斯通过周密考察德国历史上的一个重要时期,通过细致分析这一重要时期发生的重大事件,通过全面论述这些重大事件的历史本质与现实意义,十分清晰地告诉人们:必须用科学的世界观和方法论指导历史研究,才能真正揭示历史真相、阐明历史规律;必须同历史唯心主义、历史虚无主义进行长期的斗争,廓清迷雾、捍卫真理,才能使史学成为马克思主义的阵地;必须自觉地用历史研究为无产阶级革命运动和人类进步事业服务,让最普通的劳动者也能够以史励志、以史明理、以史为鉴,才能真正发挥史学的作用;同时,必须尊重和吸收前人的研究成果,科学地利用历史文献,充分地运用辩证方法,妥善地实现史论结合,才能不断开拓历史研究、历史比较、历史编纂和历史普及的新途径。

这些基本原则启发和教育了一代又一代马克思主义史学工作者,引导他们坚持不懈地进行探索,并以丰富的研究成果彰显了唯物史观和唯物辩证法的科学性和生命力。可以说,在马克思主义史学发展史上,恩格斯的《德国农民战争》具有开创性和奠基性的意义。

五

《德国农民战争》写于 1850 年夏秋,最初发表于 1850 年《新莱茵报。政治经济评论》第 5—6 期合刊,1852 年 1 月 1 日—1853 年 2 月 1 日在纽约《体操报》第 3—20 号上转载。恩格斯在写作过程中利用了德国历史学家威·戚美尔曼《伟大农民战争通史》中的素材。在恩格斯生前,《德国农民战争》曾多次再版。德文第二版于 1870 年 4 月 2 日—10 月 15 日在《人民国家报》第 27—83 号上连载,1870 年 10 月在莱比锡出版单行本;德文第三版于 1875 年在莱比锡出版。

1870年2月，恩格斯为《德国农民战争》第二版撰写了序言，发表于1870年4月2、6日《人民国家报》第27、28号，并载入第二版单行本；1874年7月，恩格斯对第二版序言作了补充，全文载入第三版单行本。

本书在《德国农民战争》正文前面刊印了上述两篇重要文献。在第二版序言中，恩格斯开宗明义地指出：本书在构思和写作过程中遵循的是历史唯物主义的理论原则和研究方法，它的全部内容将证明这个理论的科学性和实践性。同时，恩格斯在序言中还分析了这部著作发表20多年来德国的政治经济状况和阶级关系变化，指出无产阶级正随着资本主义的发展迅速成长，并作为一个阶级独立采取行动；德国工人运动的最迫切的首要任务，就是唤起农业无产阶级并吸收它参加运动。在对第二版序言的补充中，恩格斯进一步指出，德国工业的突飞猛进，已经把工人阶级与资产阶级的斗争提到显要地位。德国工人运动具有两大优越之处，一是有科学社会主义理论指导，二是能够直接利用英国和法国工人运动用高昂代价换来的经验教训。因此在德国，"斗争是第一次在其所有三个方面——理论方面、政治方面和实践经济方面（反抗资本家）互相配合，互相联系，有计划地推进"（见本书第18—19页）。德国工人现在处于无产阶级斗争的前列，要保持这一光荣地位，就必须在各方面加倍努力；特别是工人运动的领导者，更有责任透彻理解种种理论问题，认真研究科学社会主义理论。恩格斯强调指出："社会主义自从成为科学以来，就要求人们把它当做科学来对待，就是说，要求人们去研究它。"（见本书第19页）

19世纪下半叶，随着无产阶级革命的深入，工农联盟的重要意义日益在理论和实践两个方面凸显出来。马克思指出："德国的全部问题将取决于是否有可能由某种再版的农民战争来支持无产阶级革命。如果那样就太好了"（见《马克思恩格斯文集》第10卷第131页）。为了适应革命形势发展和科学理论传播的需要，恩格斯感到有必要"全面修改"《德国农民战争》（参看《马克思恩格斯文集》第10卷第681页），特别是要"重新改写"这部著作的"历史导言"（参看《马克思恩格斯文集》第10卷第660页）。为此，他广泛搜集史料，仔细考订史实，进一步深化了对德国农民战争的认识，指出农民战争是"全部德国历史的转折点"（见《马克思恩格斯全集》中文第1版第36卷第235页），应当将农民战争"作为全部德国历史的轴心"加以论述（见《马克思恩格斯全集》中文第1版第36卷第264页）。我们从恩格斯晚年的一系列书信中可以看到，他为实施这一计划付出了许多心血；对于新版《德国农民战争》的问世，他一直怀着热切的期望。然而，由于全力投入《资本论》第二、三卷的整理和编辑工作，恩格斯直到逝世前始终未能实现自己的心愿，只留下了为修订《德国农民战争》而撰写的部分文稿、提纲和札记。其中比较重要的有两篇文献，一篇是恩格斯为修改和充实本书的"历史导言"而撰写的文稿《论封建制度的瓦解和民族国家的产生》，另一篇是他草拟的修订提纲《关于〈农民战争〉》。

我们在本书附录部分收录了上述两篇文献，以便读者从一个侧面了解恩格斯的修订思路以及与此相关的研究成果。《论封建制度的瓦解和民族国家的产生》是恩格斯阐述马克思主义民族理论的重要著作。恩格斯在这篇文章中揭示了15—16世纪西欧资本主义生产关系和社会关系在封建制度解体中逐渐形成和发展的历史过程，论述了欧洲民族国家的形成及其特点，为无产阶级政党深入了解民族国家的历史、现状和发展前景，批判资产阶级在民族国家问题上散布的历史唯心主义观点,提供了锐利的理论武器。在《关于〈农民战争〉》这篇提纲中,恩格斯梳理了德国历史的概况,特别是对15—16世纪的德国经济、政治和文化状况做了扼要的综述。提纲简明而又深刻地评析了作为"第一号资产阶级革命"的宗教改革运动(参看本书第140页),指出了它的起因、性质及其与德国农民战争的关系,对于深入研究这一影响深远的历史事件具有重要的指导意义。

六

《德国农民战争》在中国的译介和传播迄今已有80多年历史。1932年,上海神州国光社出版了钱亦石的中译本;同年,上海乐华图书公司又出版了李一新的中译本。此后,钱亦石的译本曾由解放社和上海生活书店多次再版。

中央编译局成立以后,为了进一步提高译文质量,更加准确地反映原著的思想精髓和语言风格,我们对《德国农民战争》进行了多次译校:

1959年,这部著作由熊伟根据德文本重新翻译,并经洪谦校阅,编入中央编译局编译、人民出版社出版的《马克思恩格斯全集》中文第1版第7卷。序言部分于1964年分别收入《马克思恩格斯全集》中文第1版第16卷和第18卷,后来相继又收入《马克思恩格斯选集》1972年第1版第2卷、1995年第2版第2卷。人民出版社以此为依据,先后于1962年和1975年出版了包括序言在内的单行本。

1998年,我们根据《马克思恩格斯全集》历史考证版第1部分

第 10 卷,并参考《马克思恩格斯全集》德文版第 7 卷,重新校订了这部著作,编入《马克思恩格斯全集》中文第 2 版第 10 卷。

从 2004 年起,在中央组织实施的马克思主义理论研究和建设工程中,我们对这部著作的译文和资料再次进行了审核和修订,编入 2009 年出版的十卷本《马克思恩格斯文集》第 2 卷。此后,序言部分又收入 2012 年出版的《马克思恩格斯选集》第 3 版第 3 卷。

本书是《马克思恩格斯文集》十卷本和《马克思恩格斯选集》第 3 版问世之后刊行的《德国农民战争》新版单行本,体现了最新编译成果。在译文方面,本书序言部分选自《马克思恩格斯选集》第 3 版第 3 卷,正文选自《马克思恩格斯文集》第 2 卷,附录中的《论封建制度的瓦解和民族国家的产生》选自《马克思恩格斯文集》第 4 卷;附录中的另一篇文献《关于〈农民战争〉》,原载于《马克思恩格斯全集》中文第 1 版第 21 卷,在编辑本书的过程中,我们根据《马克思恩格斯全集》历史考证版第 1 部分第 30 卷对这篇文献重新进行了校订。在注释和人名索引方面,我们采用了《马克思恩格斯文集》和《马克思恩格斯选集》的相关资料,并根据《马克思恩格斯全集》历史考证版作了修订。

弗·恩格斯

德国农民战争

1870 年第二版序言[1]

这部著作是 1850 年夏天对刚刚得逞的反革命还留着直接印象的时候在伦敦写成的;它发表于 1850 年由卡·马克思主编在汉堡出版的《新莱茵报。政治经济评论》[2]杂志第 5—6 两期合刊上。我在德国的一些政治友人希望重印这部著作,于是我就满足他们的愿望,因为使我感到遗憾的是,这部著作至今还没有失去它的现实意义。

这部著作并不奢望提供独立研讨过的材料。相反,关于农民起义和托马斯·闵采尔的全部材料,都是从戚美尔曼那里借用的。① 他那部书虽然有些缺点,但仍然不失为一部最好的真实的史料汇编。并且,戚美尔曼老人热爱自己所研究的对象。在他的书里到处表现出来的那种为被压迫阶级辩护的革命本能,后来使他成为法兰克福的极左派[3]的最优秀代表之一。②

如果说,尽管如此,戚美尔曼所作的论述还是缺乏内在联系,如果说他没有能指明那个时代的宗教上政治上的 Kontroversen(争

---

① 指威·戚美尔曼《伟大农民战争通史》1841—1843 年斯图加特版。——编者注
② 在《德国农民战争》1875 年第三版中,下面还有这样一句话:"诚然,从那时起,他仿佛是有点衰老了。"——编者注

论问题)是当时阶级斗争的反映,如果说他在这个阶级斗争中只看出压迫者和被压迫者、善良者和凶恶者以及凶恶者的最后胜利,如果说他对于决定斗争的开端与结局的那些社会关系所持的见解带有很大的缺点,那么,这一切正是这部书问世的那个时代的缺陷。相反,就当时来说,这部书是德国唯心主义历史著作中值得嘉许的一个例外,它还是写得很富于现实主义精神的。

我的论述打算通过对这场斗争的历史进程的简要叙述,来说明农民战争的起源,参加这一战争的各种党派的立场,这些党派企图借以弄清自己立场的那些政治的和宗教的理论,以及从当时这些阶级的历史地存在的社会生活条件中必然产生的斗争结局本身;这就是说,我是打算指明:当时德国的政治制度,反对这一制度的起义,以及当时那个时代的政治的和宗教的理论,并不是当时德国农业、工业、水陆交通、商品交易和货币交易所达到的发展程度的原因,而是这种发展程度的结果。这个唯一唯物主义的历史观不是由我,而是由马克思发现的,这个历史观还见于他在同一个《政治经济评论》杂志上发表的论述 1848—1849 年法国革命的著作[4],以及《路易·波拿巴的雾月十八日》①一书。

德国 1525 年革命②和 1848—1849 年革命间的类似之处异常明显,以致当时不能完全将其忽略。但是,除了各种地方起义都是被同一种诸侯军相继镇压下去这一事变进程中的相同点之外,除了城市市民在这两种场合的行动相似得往往令人好笑之外,其间的差别也还是十分明显的:

① 见《马克思恩格斯选集》第 3 版第 1 卷。——编者注
② 指 1524—1525 年的德国农民战争。——编者注

"从 1525 年的革命中得到好处的是谁呢？**诸侯**。从 1848 年的革命中得到好处的是谁呢？**大诸侯**，即奥地利和普鲁士。站在 1525 年的小诸侯背后的，是用赋税锁链把这些小诸侯束缚起来的小市民，站在 1850 年的大诸侯背后，即站在奥地利和普鲁士背后的，是很快就通过国债制服这些大诸侯的现代大资产者。而站在大资产者背后的则是无产者。"①

很可惜，应当说这个论点未免把德国资产阶级看得太高了。在奥地利和普鲁士，它都曾经有机会"很快就通过国债制服"君主制，可是，无论何时何地这种机会都没有被利用。

由于 1866 年的战争，资产阶级轻而易举地获得了奥地利这一礼物。但是，资产阶级还不善于统治，它在一切方面都显得软弱无力，庸碌无能。它只会做一件事，即一旦工人行动起来，就狂暴地对付他们。它所以还在掌握政权，仅仅是由于**匈牙利人**需要它。

而在普鲁士呢？固然，国债迅猛增长，财政赤字不断公布，国家支出逐年增多，资产者已在议院里占据多数，非经他们同意就既不能增税，也不能借债——但是，他们驾驭国家的权力何在呢？还在几个月以前，当财政赤字再次出现的时候，他们的地位是极为有利的。他们只要**稍许**坚持一下，就能取得很大的让步。可是他们做了什么呢？他们认为，政府**准许**他们给政府献款约 900 万，并且不只是**一年**，而是今后**每年**如此，这就是一个足够大的让步了。**5**

我并不想苛责议院中的那些可怜的"民族自由党人"**6**。我知道，他们已被那些站在他们背后的人即资产阶级群众抛弃了。这些群众不愿进行统治。他们始终刻骨铭心地牢记着 1848 年。

---

① 见本书第 124 页。——编者注

德国资产阶级为什么表现得这样畏首畏尾,这一点我们留待下面来讲。

上面引用的论断在其他各方面完全得到了证实。从1850年起,各个小邦日益明确地退到后面去了,只是充当着普鲁士或奥地利的各种阴谋的工具;奥地利和普鲁士彼此间发生越来越激烈的争夺霸权的斗争,以致终于在1866年采取了暴力解决的手段,在这之后,奥地利保留了自己原有的省区,普鲁士直接或间接地控制了整个北部地区,而西南部三个邦[7]暂时还被排斥在门外。

在这全部重大政治历史事件[8]中,对德国工人阶级有意义的只有如下几点:

第一,工人因普选权的施行而得到了直接选派自己的代表参加立法议会的权力。

第二,普鲁士以吞并另外三个天赐王权[9]而树立了良好的榜样。现在,甚至民族自由党人也不相信普鲁士**在这个行动之后**仍旧握有它先前自命自封的那样一个完美无缺的天赐王权了。

第三,在德国现在只剩下**一个**反对革命的强硬敌手——普鲁士政府了。

第四,现在德意志的奥地利人终于必须给自己提出这样一个问题了:他们究竟愿意做什么人——德国人,还是奥地利人?究竟什么对他们更珍贵些——是德国,还是莱塔河彼岸的那些非德意志的属地?他们必须放弃其中的一个,这一点早就是不言而喻的,但是始终被小资产阶级民主派所掩盖。

至于"民族自由党"和"人民党"[10]双方从那时起已经讨论得令人生厌的其他有关1866年的重要争论问题,随后数年的历史已经证明:这两种观点所以如此激烈地互相敌对,也无非是因为它们是同一种狭隘性的两个相反的极端而已。

1866 年几乎没有改变德国的社会关系中的任何东西。几项资产阶级改革,如统一度量衡、迁徙自由、经营自由等等,全都局限于官僚制度所能接受的范围,这些改革甚至没有获得西欧其他国家的资产阶级早已得到的东西,并且丝毫也没有触动主要的祸害——官僚主义的经营权制度[11]。而对于无产阶级说来,通常的警察行动本来就已经把迁徙自由、公民权、废止身份证等各种法律完全变成一纸空文了。

比 1866 年的重大历史事件意义重大得多的,是从 1848 年起在德国开始的工商业、铁路、电报和海洋航运业的兴旺。尽管这些进步还赶不上英国以至法国在同一时期所取得的进步,但它们对于德国说来却是空前未有的,它们在 20 年中带来的成果比以前整整一个世纪还要多。只有到这时,德国才真正地、不可逆转地被卷入**世界贸易**。工业家的资本迅速增加了,资产阶级的社会地位也相应地提高了。最能表明工业繁荣的**投机事业**广泛发展,它已把伯爵和公爵们紧系在它的凯旋车上了。在 15 年以前,德国铁路还曾向英国企业主乞求援助,而如今德国资本——保佑它在天之灵!——却已经在俄国和罗马尼亚修筑铁路了。可是为什么资产阶级没有在政治上也夺得统治,为什么它在政府面前表现得如此懦弱呢?

德国资产阶级的不幸就在于:它按照惯常的德国方式,出世得太迟了。它兴盛的时期,正是西欧其他各国资产阶级在政治上已开始衰败的时期。在英国,资产阶级能把自己真正的代表布莱特送到政府里去,只是由于扩大了选举权,而这种办法的后果是必定会终结整个资产阶级统治的。在法国,资产阶级作为整个阶级来进行统治,只有两年之久,即只是在 1849 年和 1850 年,在共和国时期;它只是由于把自己的政治统治让给了路易·波拿巴和军队,才得以延长了自己的社会存在。而在欧洲三个最先进国家相互作用已经无限增长的条件下,当资产阶级的政治统治在英国和法国已经衰败的时候,资产阶级今天要在德国舒舒服服地确立自己的政治统治,已经不可能了。

与先前所有的统治阶级相比,资产阶级的特点恰恰在于:在它的发展进程中有一个转折点,经过这个转折点之后,它的统治手段每进一步的增加,首先是它的资本每进一步的增加,都只会使它越来越没有能力进行政治统治。"**站在大资产者背后的则是无产者。**"①资产阶级把自己的工业、商业和交通发展到什么程度,它也就使无产阶级成长到什么程度。而到了一定时刻——这种时刻不一定在各地同时到来,也不一定在同一发展阶段上到来——它就开始觉察到:它的这个形影不离的同伴无产阶级已开始胜过它了。从这时起,它就丧失进行独占政治统治的能力;它为自己寻找同盟者,并且斟酌情况,或是把自己的统治权分给他们,或是把统治权完全让给他们。

在德国,资产阶级的这个转折点在 1848 年就已来到了。诚然,那时德国资产阶级与其说是害怕德国无产阶级,倒不如说是害怕法国无产阶级。1848 年巴黎的六月战斗**12**已经向德国资产阶级表明什么前途在等着它;当时德国无产阶级所表现的激愤足以向它证明:在德国也已撒下将得到同样收获的种子;从这时起,资产阶级政治行动的锋芒就被摧折了。它开始找寻同盟者,不计代

---

① 　见本书第 124 页。——编者注

价地把自己出卖给他们——而直到今天它一步也没有前进。

所有这些同盟者都具有反动的本性。这就是拥有自己的军队和官僚机构的王权;这就是大的封建贵族;这就是小的土容克;最后,这就是神父。资产阶级跟所有这些人都串通一气并达成协议,只求保全自己宝贵的性命,直到最后它无可典卖时为止。而无产阶级越发展,越是开始意识到自己是一个阶级,并作为一个阶级行动起来,资产者就越是变得畏首畏尾。当普鲁士人的拙劣得惊人的战略在萨多瓦会战[13]中战胜了奥地利人的更加拙劣得惊人的战略时,很难说是谁更轻松地舒了一口气——是在萨多瓦同样被击败了的普鲁士资产者,还是奥地利资产者。

我们的大资产者在 1870 年的行动,与 1525 年中等市民的行动一模一样。至于小资产者、手工业师傅和小店主,他们是永远不变的。他们千方百计地希望跻身于大资产阶级的行列,他们害怕被抛到无产阶级的行列中去。他们彷徨于恐惧和希望之间,在斗争期间会力求保全自己宝贵的性命,而在斗争之后则去投靠胜利者。这就是他们的本性。

伴随着 1848 年以后的工业高涨,无产阶级的社会活动和政治活动也开展起来了。单是目前德国工人在其工会、合作社、政治组织和政治集会中,在选举以及所谓国会中所起的作用,就足以表明,最近 20 年来在德国已不知不觉地发生了什么样的变革。德国工人获得了很大的荣誉:唯有他们做到了把工人和工人代表派到国会中去,而无论是法国人或英国人到现在为止都没有能够做到这一点。

但是,就连无产阶级的发展也还没有超出 1525 年的水平。完全地和终生地依靠工资过活的阶级,还远没有构成德国人民的多数。因此,它也得依靠同盟者。而同盟者只能在小资产者、城市流氓无产阶级、小农和农业短工中间去寻找。

关于**小资产者**,我们已经说过了。他们是极不可靠的;只有当已经取得胜利时他们才在啤酒馆中高呼狂叫。然而,在他们中间,也有一些自动加入到工人方面来的优秀分子。

流氓无产阶级是以大城市为其大本营的、由各个阶级的堕落分子构成的糟粕,他们是所有能够找到的同盟者中最坏的同盟者。这些社会渣滓极易被人收买,非常厚颜无耻。如果说法国工人们在每次革命中都在墙壁上写上 Mort aux voleurs! ——消灭盗贼! ——并且把他们枪毙了不少,那么这并不是由于法国工人热衷于保护财产,而是由于他们正确地认识到首先必须摆脱这帮家伙。任何一个工人领袖只要利用这些流氓作为自己的近卫军或依靠他们,就已经足以表明他是运动的叛徒。

小农——大农属于资产阶级——有不同类型:

有的是**封建的农民**,他们还必须为自己的主人服徭役。既然资产阶级未能履行自己的职责,没有把这些人从农奴依附地位解放出来,所以也就不难令他们相信:他们只有依靠工人阶级才能求得解放。

有的是**佃农**。这些人的情况多半与爱尔兰的情况相同。地租已增加得如此之高,以致在得到中等收成时,农民也只能勉强维持本人和自己家庭的生活,而在收成不好时,他们就几乎要饿死,无力交纳地租,因而完全听任土地所有者摆布。资产阶级只有迫不得已时才会为这些人做一点事。除了工人,他们还能指望谁来拯救自己呢?

还有的农民是在**自己的小块土地**上进行经营。他们大都承受着抵押借款造成的沉重压力，因而就像佃农依附地主那样依附高利贷者。他们只能获取很少一点劳动报酬，而且这种劳动报酬由于年成的好坏不同而极不稳定。他们绝对不能对资产阶级寄托什么希望，因为正是资产者、高利贷资本家在榨取他们的脂膏。但是，他们大部分都牢牢抱住自己的财产不放，虽然这个财产实际上不是属于他们，而是属于高利贷者的。尽管如此，还是应当让他们明白，只有在服从人民意志的政府把一切抵押债务变成对国家的债务，并从而减低利息之后，他们才能摆脱高利贷者。而这只有工人阶级才能做到。

凡是中等地产和大地产占统治地位的地方，**农业短工**是农村中人数最多的阶级。德国整个北部和东部地区的情况就是如此，而城市工业工人就**在这里**找到自己**人数最多的天然同盟者**。正像资本家与工业工人相对立一样，土地所有者或大租佃者是与农业短工相对立的。那些有益于工业工人的措施，也必定有益于农业短工。工业工人只有当他们把资产者的资本，即生产所必需的原料、机器和工具以及生活资料转变为社会财产，即转变为自己的、由他们共同享用的财产时，他们才能解放自己。同样，农业工人，也只有首先把他们的主要劳动对象即土地本身从大农和更大的封建主的私人占有中夺取过来，转变为社会财产并由农业工人的合作社共同耕种，才能摆脱可怕的贫困。这里，我们就谈到了巴塞尔国际工人代表大会[14]的著名决议：为了社会的利益，必须把地产转变为共同的、国家的财产。这个决议所指的，主要是这样的国家，那里存在着大地产以及与它相联系的、在大片土地上进行的经营，而且在这大片的土地上存在着一个主人和许多短工。而这种情况一般说来在德国还占优势，因此巴塞尔代表大会的决议，**对于德国**

也和对于英国一样，**正好是极为适时的**。农业无产阶级，即农业短工，是为各邦君主军队提供新兵最多的阶级。这是目前由于实行普选权而把许多封建主和容克选入国会的阶级。但同时这又是最靠近城市工业工人，与他们生活条件相同，甚至比他们更加贫困的阶级。这个阶级因零星分散而软弱无力；政府和贵族十分清楚地知道它的潜在力量，因而故意使教育事业凋敝，好让这个阶级继续处于愚昧无知的状态。唤起这个阶级并吸引它参加运动，是德国工人运动首要的最迫切的任务。一旦农业短工群众学会理解自己的切身利益，在德国就不可能再有任何封建的、官僚的或资产阶级的反动政府存在了。

弗·恩格斯写于 1870 年 2 月 9—11 日

载于 1870 年 4 月 2、6 日《人民国家报》第 27、28 号

原文是德文

选自《马克思恩格斯选集》第 3 版第 3 卷第 22—31 页

1870 年第二版序言的补充[15]

上面那一部分是四年多以前写成的。它直到今天还具有意义。在萨多瓦会战[13]及德国分裂后是正确的东西,在色当会战[16]及普鲁士民族的神圣德意志帝国[17]建立以后又得到了证实。可见,所谓伟大政策造成的"震撼世界的"重大政治历史事件[8],并不能使历史运动的方向发生什么变化。

但是这些重大政治历史事件可以加快这个运动的速度。在这方面,上述那些"震撼世界的事件"的肇事者无意中得到了大概是极不合他们自己心愿的结果,但不管愿意与否,他们都不得不容忍这些结果。

1866 年的战争已经震撼了旧普鲁士的根基。在 1848 年以后,为了使西部各省骚动的工业成分——无论是资产阶级的还是无产阶级的——重新遵守旧纪律,已经费了不少力气;这件事总算是成功了,而且东部各省容克的利益和军队的利益一起,重新在国家中占了统治地位。在 1866 年,整个德国西北部地区几乎都归普鲁士管辖。姑且不谈普鲁士的天赐王权因吞并其他三个天赐王权[9]而在道义上遭受的不可挽回的损失,现在君主政体的重心确实已经显著地向西移动了。莱茵省和威斯特伐利亚原有的 500 万人口已经增加:首先有 400 万德意志人被直接兼并进来,后来又有 600 万德意志人通过北德意志联邦[18]被间接兼并进来。[19]而在 1870 年,又增添了 800 万西南部德意志人,[20]结果在"新帝国"中,同 1 450 万旧普鲁士人(这是易北河东部六个省的人,那里还有 200 万波兰人)对立的,是早已越出旧普鲁士容克封建制度界限的 2 500 万左右的人。因此,正是普鲁士军队的胜利动摇了普鲁士国家大厦的整个基础;容克的统治甚至使政府也越来越感到不堪忍受。但同时工业突飞猛进的发展,已经把容克和资产阶级之间的斗争排挤到后面去,而把资产阶级和工人之间的斗争提到显要地位上来,所以在旧国家的社会基础中,从内部也发生了彻底的变革。从 1840 年起日渐腐朽的君主政体存在的基本条件是贵族和资产阶级之间的斗争,正是君主政体维持着这场斗争中的均势。但是,从问题已经不在于保护贵族免受资产阶级攻击,而在于保护一切有产阶级免受工人阶级攻击时起,旧的专制君主政体就势必会彻底转变成专为此目的而发明的国家形式,**即波拿巴主义的君主政体**。关于普鲁士向波拿巴主义的这一转变,我在另一篇著作中(《论住宅问题》第二篇第 26 页及以下几页①)已经进行了分析。在那篇著作中,有一点我没有必要加以强调,而在这里却具有非常重要的意义,那就是:这个转变是普鲁士在 1848 年以后向前**迈进的最大一步**,可见普鲁士当时多么落后于现代的发展。它当时仍然是个半封建的国家,而波拿巴主义则无论如何都是以消除封建制度为前提的现代国家形式。所以,普鲁士不得不下决心清除自己的无数封建残余,并牺

---

① 恩格斯《论住宅问题》,见《马克思恩格斯选集》第 3 版第 3 卷第 240—243 页。——编者注

牲容克本身。所有这一切,当然都是以最温和的形式并在可爱的"永远缓步前进!"①的旋律中进行的。大名鼎鼎的专区法**21**就是一个例子。它废除单个容克在其领地范围内的封建特权,但这不过是为了用全体大土地所有者在全专区的特权的形式来恢复这种特权。事情的实质依然如故,只是把封建的行话翻译成资产阶级的行话而已。旧普鲁士容克在被迫变为类似英国乡绅的人物,但是他完全用不着特别反对这件事,因为这两种人是同样的愚蠢。

可见,普鲁士遇到了一个特殊的命运,即在本世纪末以惬意的波拿巴主义形式完成它的资产阶级革命,这场革命开始于1808—1813年,并在1848年向前迈进了一步。如果一切顺利,如果世界保持宁静,而我们大家又能长寿的话,那么我们也许将在1900年亲眼看到,普鲁士政府确实废除了一切封建机构,而普鲁士也终于达到了法国在1792年时所处的状况**22**。

废除封建制度,从肯定方面来说,就是确立资产阶级制度。贵族特权废除到什么程度,立法也就资产阶级化到什么程度。在这里,我们可以看到德国资产阶级对待政府的态度的基本点。我们已经知道,政府是**被迫**实行这些缓慢而微小的改良的。但是,政府在资产阶级面前把每一个这样的微小让步都描绘成为资产者所作的**牺牲**,描绘成费很大力气才从国王那里争得的让步,为此资产者自己也应当向政府作某些让步。而资产者虽然十分清楚事情的真相,却甘心去受这种欺骗。由此就产生了在柏林暗中成为国会和普鲁士议院全部讨论基础的默契:一方面政府像蜗牛爬行一样慢

---

① 1813年流行于普鲁士的民歌《来自偏僻村庄的后备军》的副歌。——编者注

慢地为资产阶级的利益而修改法律,消除各种封建的和由于小邦分立而造成的阻挠工业发展的障碍,确立统一的币制和度量衡,确定经营自由等等,准许迁徙自由而使资本可以无限制地支配德国的劳动力,对贸易和投机实行保护;另一方面,资产阶级则听任政府保留全部实际政权,投票赞成赋税、公债和征兵,并协助政府制定一切新改良法,以便使旧的警察权力仍然十分有效地对付那些不受欢迎的人物。资产阶级用立刻放弃自己政权的代价,换取自己渐进的社会解放。当然,资产阶级接受这种协议的主要动机,并不是害怕政府,而是害怕无产阶级。

尽管我们的资产阶级在政治领域表现得极其可怜,但是不可否认,它在工业和商业方面终于去履行自己的义务了。我在第二版序言中所指出的工业和商业的高涨,从那时起显示出了更加强劲的发展势头。从 1869 年以来,莱茵—威斯特伐利亚工业区在这方面所发生的一切,对德国说来简直是闻所未闻的,就像是本世纪初英国工业区的繁荣景象。在萨克森和上西里西亚,在柏林、汉诺威和沿海城市,也将会出现同样的景象。我们终于有了世界贸易,有了真正的大工业和真正的现代资产阶级;但同时我们这里也有了真正的危机,而且也形成了真正的、强大的无产阶级。

在未来的历史编纂学家看来,在 1869 年至 1874 年的德国史上,施皮歇恩、马斯拉图尔和色当等地会战[23]的隆隆炮声以及与此相关的一切,其重要性远远不及德国无产阶级那种质朴、平稳但不断向前的发展。早在 1870 年德国工人就曾面临一场严峻的考验,即波拿巴主义的战争挑衅[24]及其自然的结果——德国普遍的民族激情。德国社会主义的工人一刻也没有被人引入迷途。他们没有被卷入民族沙文主义的狂澜。当举国欢欣若狂地沉醉于胜利时,他们保持了冷静,要求"同法兰西共和国缔结公正的和约并且不要任何割地"[25],就连戒严状态也不能迫使他们沉默。不论是战争的荣耀,还是关于德意志"帝国壮丽辉煌"的废话,在他们中间都得不到响应;他们唯一的目标始终是整个欧洲无产阶级的解放。我们有充分的理由可以说,到现在为止还没有另一个国家的工人如此出色地经受过这样严峻的考验。

继战时戒严状态之后,便是以叛国、侮辱帝王和官员等罪名提出的审判案,便是和平时期日益加紧的警察迫害。《人民国家报》[26]通常总是有三四个编辑同时被关在监狱里;其他报纸境况也是一样。党内每个稍微著名的演说家每年至少总有一次要到法庭受审,而且几乎总是被判有罪。流放、查抄、解散集会等接二连三地发生。但这一切手段都是徒劳的。一个人被捕或被流放了,立刻就有另一个人来代替;一个集会被解散了,人们随后就会举行两个新的集会;横暴的警察常因人们坚韧顽强和恪守法律而弄得疲于奔命。一切迫害都引起与本意相反的结果;不仅不能摧毁或至少制服工人政党,反而源源不断地给它招来了新的战斗力量并巩固了它的组织。工人不论在对政权或对个别资产者的斗争中,处处都表现了自己智力上和道义上的优势,特别是在与所谓"雇主"发生冲突时,工人证明了他们现在是有教养的人,而资本家则是粗野蛮横之徒。同时工人们大都是抱着幽默态度进行斗争的,这种幽默态度是他们对自己的事业满怀信心并深知自身优势的最好的证明。这样一种在历史奠定的基础上展开的斗争,必定会取得伟大的成果。一月选举[27]的成功是现代工人运动史上迄今独一无二的现象,所以这次选举引起了整个欧洲的惊奇,那是很自然的。

德国工人同欧洲其他各国工人比较起来,有两大优越之处。

17

第一,他们属于欧洲最有理论修养的民族,他们保持了德国那些所谓"有教养的人"几乎完全丧失了的理论感。如果不是先有德国哲学,特别是黑格尔哲学,那么德国科学社会主义,即过去从来没有过的唯一科学的社会主义,就决不可能创立。如果工人没有理论感,那么这个科学社会主义就决不可能像现在这样深入他们的血肉。这个优越之处无比重要,表现在以下的事实中:一方面,英国工人运动虽然在各个行业中有很好的组织,但是发展得非常缓慢,其主要原因之一就是对于一切理论的漠视;另一方面,法国人和比利时人由于受初始形态的蒲鲁东主义的影响而产生谬误和迷惘,西班牙人和意大利人则由于受经巴枯宁进一步漫画化的蒲鲁东主义的影响而产生谬误和迷惘。

第二个优越之处,就是德国人参加工人运动,从时间上来说,差不多是最迟的。德国的理论上的社会主义永远不会忘记,它是站在圣西门、傅立叶和欧文这三个人的肩上的。虽然这三个人的学说含有十分虚幻和空想的性质,但他们终究是属于一切时代最伟大的智士之列的,他们天才地预示了我们现在已经科学地证明了其正确性的无数真理。同德国的理论上的社会主义一样,德国的实践的工人运动也永远不应当忘记,它是站在英国和法国的运动的肩上发展起来的,它能够直接利用英国和法国的运动用很高的代价换来的经验,而在现在避免它们当时往往无法避免的那些错误。如果没有英国工联运动和法国工人政治斗争的榜样,如果没有特别是巴黎公社所给予的那种巨大的推动,我们现在会处在什么境地呢?

必须承认,德国工人非常巧妙地利用了自己地位的有利之处。自从有工人运动以来,斗争是第一次在其所有三个方面——理论方面、政治方面和实践经济方面（反抗资本家）互相配合，互相联系，有计划地推进。德国工人运动所以强大有力和不可战胜，也正是由于这种可以说是集中的攻击。

一方面由于德国工人具有这种有利的地位，另一方面由于英国工人运动具有岛国的特点，而法国工人运动又受到暴力的镇压，所以现在德国工人是处于无产阶级斗争的前列。形势究竟容许他们把这种光荣地位占据多久，现在还无法预先断言。但是，只要他们还占据着这个地位，我们就希望他们能履行在这个地位所应尽的职责。要做到这一点，就必须在斗争和鼓动的各个方面都加倍努力。特别是领袖们有责任越来越透彻地理解种种理论问题，越来越彻底地摆脱那些属于旧世界观的传统言辞的影响，并且时刻注意到：社会主义自从成为科学以来，就要求人们把它当做科学来对待，就是说，要求人们去研究它。必须以高度的热情把由此获得的日益明确的意识传播到工人群众中去，必须不断增强党组织和工会组织的团结。虽然在 1 月份投票赞成社会党人的选民已经是一支相当庞大的队伍，但是他们还远远没有构成德国工人阶级的多数；而且，在农村居民中宣传的成就虽然很令人振奋，但正是在这方面仍有无数的事情要做。因此，不能在斗争中懈怠下来，而必须从敌人手中把城市和选区一个接一个地夺取过来。但是，首先必须维护真正的国际主义精神，这种精神不容许产生任何爱国沙文主义，这种精神欢迎无产阶级运动中任何民族的新进展。如果德国工人将来继续这样发展下去，那么虽然不能说他们一定会走在运动的最前列（只是某一个国家的工人走在运动的最前列，这并不符合运动的利益），但是毕竟会在战斗行列中占据一个光荣的地位；而将来如果有出乎意料的严峻考验或者重大事变要求他们表现出更大的勇气、更大的决心和毅力的时候,他们一定会有充分的准备。

弗里德里希·恩格斯

1874 年 7 月 1 日于伦敦

弗·恩格斯写于 1874 年 6 月底

载于 1875 年在莱比锡出版的《德国农民战争》第 3 版

原文是德文

选自《马克思恩格斯选集》第 3 版第 3 卷第 32—38 页

德国农民战争

德国人民也有自己的革命传统。在历史上德国也产生过能和其他国家最优秀的革命人物媲美的人才;在历史上德国人民也曾表现出韧性和毅力,如果是在一个中央集权程度较高的国家,这种韧性和毅力会创造出极其辉煌的成果;在历史上德国农民和平民所怀抱的理想和计划,常常使他们的后代为之惊惧。

历时两年的斗争过去以后,目前几乎到处都是一片消沉。在这种情况下,把伟大的农民战争中那些笨拙的,但却顽强而坚韧的形象重新展现在德国人民面前,是很合时宜的。自从农民战争以来,300 年过去了,有些事物已经改变;然而农民战争同我们今天的斗争相去并不甚远,要反对的敌人大部分还是相同的。我们将会看到,1848 年和 1849 年到处叛变的那些阶级和那些阶级中的某些集团,其实早在 1525 年就已经是叛徒了,不过当时是处于较低的发展阶段而已。如果农民战争中的暴烈行动在近几年的运动中仅仅在局部地区,即在奥登林山、黑林山和西里西亚才得到应有的重视,那么这无论如何不能说是现代暴动的优点。

一

我们现在先简单地回顾一下 16 世纪初期德国的状况。

德国工业在 14 和 15 世纪已经相当繁荣。城市行会手工业已经取代封建的地方性的农村工业，并且已经为较广大的地区，甚至为较远的市场从事生产。粗毛呢和亚麻布的织造这时已经成为固定而又分布很广的工业部门；就连比较精细的毛织品和亚麻织品以及丝织品也已经在奥格斯堡织造出来。除了纺织业以外，那些靠中世纪末期僧侣的和世俗的奢侈生活来维持的工艺品生产部门，例如金银加工业、雕塑和雕花业、铜版雕刻和木板雕刻业、武器锻造业、奖章制作业、旋工行业等等，也都蒸蒸日上。一系列或多或少具有重要意义的发明大大促进了手工业的发展，其中具有光辉历史意义的是火药①和印刷术的发明。商业也同工业齐头并进。汉撒同盟²⁸垄断海上航路达百年之久，从而确保整个德国北部脱离了中世纪的野蛮状态；虽然从 15 世纪末起，汉撒同盟由于英国人和荷兰人的竞争已经开始急剧衰落，而且当时已经有华斯哥·达·伽马的发现，但是，从印度到北方诸国的通商大道还是要

① 恩格斯在 1875 年版上加了一个注："现在已经毫无疑义地证实，火药是从中国经过印度传给阿拉伯人，又从阿拉伯人那里同火器一道经过西班牙传入欧洲的。"——编者注

22

Kreise und selbst für entlegnere Märkte produzirte. Die Weberei von großen Wollentüchern und Leinwand war ein stehender, weitverbreiteter Industriezweig geworden, und selbst feinere Wollen- und Leinengewebe, sowie Seidenstoffe wurden schon in Augsburg verfertigt. Neben der Weberei hatte sich besonders jene an die Kunst anstreifende Industrie gehoben, die in den geistlichen und weltlichen Luxus des späteren Mittelalters ihre Nahrung fand: die der Gold- und Silberarbeiter, der Bildhauer und Bildschnitzer, Kupferstecher und Holzschneider, Waffenschmiede, Medailleure, Drechsler ꝛc. ꝛc. Eine Reihe von mehr oder minder bedeutenden Erfindungen, deren bitterste Glanzpunkte die des Schießpulvers und der Buchdruckerei bildeten, hatte zur Hebung der Gewerbe wesentlich beigetragen. Der Handel ging mit der Industrie gleichen Schritt. Die Hanse hatte durch ihr hundertjähriges Seemonopol die Erhebung von ganz Norddeutschland aus der mittelalterlichen Barbarei fast sicher gestellt; und wenn sie auch schon seit Ende des fünfzehnten Jahrhunderts der Konkurrenz, der Engländer und Holländer rasch zu erliegen anfing, so ging doch troz Basco de Gama's Entdeckungen der große Handelsweg von Indien nach dem Norden immer noch durch Deutschland, so war Augsburg noch immer der große Stapelplatz für italienische Seidenzeuge, indische Gewürze, und alle Produkte der Levante. Die oberdeutschen Städte, namentlich Augsburg und Nürnberg, waren die Centren eines für jene Zeit ansehnlichen Reichthums und Luxus. Die Gewinnung der Rohprodukte hatte sich ebenfalls bedeutend gehoben. Die deutschen Bergleute waren im fünfzehnten Jahrhundert die geschicktesten der Welt, und auch den Ackerbau hatte das Aufblühen der Städte aus der ersten mittelalterlichen Rohheit herausgerissen. Nicht nur waren ausgedehnte Strecken urbar gemacht worden, man baute auch Farbekräuter und andere eingeführte Pflanzen, deren sorgfältigere Kultur auf den Ackerbau im Allgemeinen günstig einwirkte.

Der deutsche Bauernkrieg.

Auch das deutsche Volk hat seine revolutionäre Tradition. Es gab eine Zeit, wo Deutschland Charaktere hervorbrachte, die sich den besten Leuten der Revolutionen anderer Länder an die Seite stellen können, wo das deutsche Volk eine Ausdauer und Energie entwickelte, die bei einer centralisirteren Nation die großartigsten Resultate erzeugt hätte, wo deutsche Bauern und Plebejer mit Ideen und Plänen schwanger gingen, vor denen ihre Nachkommen oft genug zurückschaudern.

Es ist an der Zeit, gegenüber der momentanen Erschlaffung, die sich nach zwei Jahren des Kampfes fast überall zeigt, die ungefügen, aber kräftigen und zähen Gestalten des großen Bauernkrieges dem deutschen Volke wieder vorzuführen. Drei Jahrhunderte sind seitdem verflossen, und Manches hat sich geändert; und doch steht der Bauernkrieg unsern heutigen Kämpfen so überaus fern nicht, und die zu bekämpfenden Gegner sind großentheils noch dieselben. Die Klassen und Klassenfraktionen, die 1848 und 49 überall verrathen haben, werden wir schon 1525, wenn auch auf einer niedrigeren Entwicklungsstufe als Verräther vorfinden. Und wenn der robuste Vandalismus des Bauernkriegs in der Bewegung der letzten Jahre nur stellenweis, im Treuwald, im Schwarzwald, in Schlesien zu seinem Rechte kam, so ist das ebenfalls kein Vorzug der modernen Insurrektion.

经过德国，奥格斯堡依然是意大利丝织品、印度香料以及黎凡特的一切产品的庞大的集散地。德国南部的城市，尤其是奥格斯堡和纽伦堡，是当时著名的富饶繁华的中心。原料开采业也有了显著的发展。德国矿工在15世纪已经是世界上最熟练的矿工；城市的繁荣也使农业摆脱了中世纪的最初的粗陋状态。人们不仅开垦了大片的荒地，而且种植了染料植物以及其他引进的作物，对这些作物的精心栽培，使农业普遍得到了有益的促进。

然而，德国国民生产的高涨仍然赶不上其他国家生产高涨的步伐。农业远远落后于英国和尼德兰，工业远远落后于意大利、佛兰德和英国，而在海外贸易中，英国人，尤其是荷兰人已经开始排挤德国人。人口依然很稀少。在德国境内，文明的景象仅仅散见于几个工商业中心及其周围地区；就是这几个中心，利益也极不一致，几乎没有什么地方可以找到共同点。南部的贸易联系和销售市场同北部毫不相同；东部和西部几乎没有任何往来。没有一个城市像英国的伦敦那样发展成为全国工商业的中心。国内的全部交通几乎只限于沿海和内河航路，以及由奥格斯堡和纽伦堡经过科隆到尼德兰、经过爱尔福特到北方的几条通商大道。一些较小的城市远离内河和通商大道，被排斥在频繁的贸易往来之外，没有受到任何外来影响，继续在中世纪末期的生活条件下艰难度日，很少需要外来商品，也很少输出产品。在农村居民中，只有贵族才同外界保持较为广泛的接触，才会产生新的需求；农民群众从来不曾逾越最邻近的地方关系，他们的视野也从来没有超出与此相应的地方范围。

在英国和法国，工商业的高涨促使各种利益在全国范围内联结在一起，因而促成政治上的中央集权；而在德国，却只是环绕着一些地方中心按照省区结合成利益集团,因而造成政治上的四分五裂。紧跟着又因德国被排挤出世界贸易之外,于是这种四分五裂的局面很快就固定了下来。随着**纯粹封建**帝国的解体,维系整个帝国的纽带松散了,直属帝国的大采邑领主们几乎变成了独立的诸侯,一方面是许多帝国直辖市结成联盟,另一方面是帝国骑士们结成联盟,他们时而相互对抗,时而同诸侯或皇帝对抗。帝国当局对自己的地位已经失去信心,它惶惑不定地摇摆于帝国的各种势力之间,因而日益丧失威信;它企图像路易十一那样实行中央集权,但是,尽管采用了各种阴谋诡计和残暴手段,结果也只是维系住奥地利的世袭领地²⁹,除此之外一无所成。在这种混乱局面中,在相互交错的无数冲突中,最后赢得胜利而且稳操胜券的人,就是在四分五裂局面下实行集权的代表人物,也就是在地方和省区实行集权的代表人物,即**诸侯**。同这些诸侯相比,皇帝本人日益变得像一个普通的诸侯。

在这种情况下,从中世纪保留下来的各个阶级的地位已经发生根本性的变化,而且,除了原有的阶级之外,又形成了一些新的阶级。

从上层贵族中出现了**诸侯**。他们几乎完全脱离皇帝而独立,并且已经掌握大部分主权。他们自行宣战与媾和,拥有常备军,召开邦议会,征收赋税。他们已经把很大一部分下层贵族和城市置于自己的统治之下;他们还不断使用一切手段吞并其余的帝国直辖市和男爵领地。他们对这些城市和男爵领地实行集权,而对帝国当局却主张分权。他们对内部的统治已经十分专横,多半只是在万不得已的时候才召集等级会议。他们任意地征收赋税和搜刮钱财;等级会议对征税的批准权很少得到承认,更少见诸执行。即使在等级会议执行这种征税批准权的时候,诸侯通常也总是依靠骑士和高级教士这两个等级而拥有多数,而这两个等级都是既免税而又分享税收的。诸侯由于生活奢侈和宫廷耗费日增,由于要供养常备军,还由于政府的开支不断增加,因而对钱财的需要日益迫切。赋税重担有增无已。城市多半因享有特权而免去了这个负担;于是整个赋税的重担都落到了农民身上,既落到诸侯的农庄雇农身上,也落到农奴、依附农以及对诸侯履行采邑义务的骑士的佃农身上。[30]在直接税不够用的地方,就实施间接税;财政上用尽心机巧立名目,以期填补国库亏空。如果一切都无济于事,再没有什么可资弥补,也再没有任何一个独立的帝国直辖自由市愿意借贷,那么他们就在币制上使出最肮脏的手法,铸造劣币,强制抬高或降低币值,一切都以国库的方便为转移。拿城市特权和其他特权来做交易,然后又强行收回,以便再以更高的价钱卖出;把反对派的任何一种图谋都用来作为口实,进行各种各样的勒索和掠夺;所有这一切,都是当时的诸侯通常谋取收入的财源。甚至连司法也是诸侯经常出卖的一种不可小看的货色。当时的臣民除了承受上述负担之外,还得满足诸侯属下的官吏的私欲,总之,他们实在尝够了这种"慈父般的"政府所赐予的恩泽。

中世纪封建等级制度中的中层贵族几乎已经完全绝迹;中层贵族不是上升为独立的小诸侯,就是降入下层贵族的行列。**下层贵族,即骑士等级**,迅速走向没落。很大一部分骑士已经完全陷于贫困,只靠从军或担任文职为诸侯效力来维持生活;另一部分骑士还对诸侯履行采邑义务而听其调遣;还有较少一部分骑士是直属皇帝的帝国骑士。军事技术在发展,步兵作用日益增大,火器已经得到改进,这一切使骑士这种笨重的骑兵在军事上失去了重要的作用,同时他们的城堡也不再是不可攻克的了。正如纽伦堡的手工业者一样,骑士也由于工业的进步而成了多余的人物。骑士等级对金钱的渴求,在很大程度上促使他们走向毁灭。随着社会向前发展,城堡里的生活变得日益奢侈,比武会和庆宴场上竞相炫耀豪华的风气越来越盛,武器和马匹的价格越来越高,而骑士和男爵们的收入来源却很少增加或根本没有增加。专为掠夺和勒索而出击,或拦路行劫,以及诸如此类的高尚勾当,都日渐变得十分危险了。他们自己属下的臣民提供的杂捐和贡赋很难比往日增多。为了应付不断增长的需要,这些尊贵的老爷们不得不采取同诸侯一样的手段。贵族榨取农民的手段一年比一年更加刁钻。农奴们被榨尽最后一滴血,依附农则在各种各样的借口和名目下被加上新的杂捐和贡赋。徭役、地租、土地税、接租费、死亡税[31]、保护金[32]等等,都不顾一切原有契约的规定而任意增加。法庭拒绝受理案件,而且专干受贿敲诈的勾当。骑士再也想不出法子榨取到农民的钱财时,就不问青红皂白地把农民投入牢狱,然后再强迫农民把自己赎出来。

下层贵族和其余各个等级也同样不能和睦相处。对诸侯履行采邑义务的贵族企图使自己直接从属于帝国,直属帝国的贵族则企图保持自己的独立地位,因此他们都同诸侯不断发生冲突。僧侣当时表现得高傲狂妄,他们在骑士的心目中已经完全成为多余的等级;骑士羡慕僧侣拥有大片庄园,羡慕他们由于坚持独身和遵守教规而积累起来的财富。[33]骑士同城市不断发生纠纷;他们向城市借债,他们靠洗劫城市所辖地区,靠抢劫城市商旅,靠在冲突中从城市抓获人质、收取赎金来维持生活。金钱问题越是成为骑士等级生死攸关的问题,骑士等级反对其余等级的斗争也就越激烈。

僧侣是中世纪封建主义意识形态的代表,他们也同样感受到了这种历史转折的影响。书刊印刷业的兴起和商业发展的需要,不仅打破了僧侣对读书写字的垄断,而且也打破了他们对较高层次的文化教育的垄断。在知识领域也出现了分工。新兴的法学家等级把僧侣从一系列最有影响的职位中排挤出去了。这部分僧侣从此也就成了多余的人;他们自己也承认这一事实,因为他们日益变得无所事事、愚昧无知。但是,这些人越是显得多余,其人数也就越是增多,这是由于他们拥有巨大的财富,而且还在用一切手段不断增殖财富。

僧侣中有两个极其不同的阶级。僧侣中的封建教权等级构成了**贵族**阶级,包括主教和大主教,修道院院长、副院长以及其他高级教士。这些教会显贵或者本身就是帝国诸侯,或者在其他诸侯手下以封建主身份控制着大片土地,拥有许多农奴和依附农。他们不仅像贵族和诸侯一样肆无忌惮地榨取自己属下的人民,而且采取了更加无耻的手段。他们除了使用残酷的暴力,还玩弄一切宗教上的刁钻伎俩,除了用严刑拷打来威胁,还用革除教籍和拒绝赦罪来威胁,此外还利用忏悔室来玩弄形形色色诡谲的花招,总之是要从他们的臣民身上榨取最后一文钱,以增添教会的产业。伪造文书是这些道貌岸然的人经常乐于使用的欺骗手段。虽然他们除了通常的封建贡赋和地租以外还要征收什一税[34],但是,所有这些收入还是不够挥霍。于是他们便求助于其他各种手段,通过制造灵验的圣像和圣徒遗物、组织超度礼拜场、贩卖赦罪符,从人民身上榨取更多的财物,而且在长时期内收到了极好的效果。

这些高级教士及其人数众多的、随着政治煽动和宗教煽动的扩大而日益强横的修道士打手队伍,不仅引起了人民,而且也引起了贵族的切齿痛恨。只要他们还直属于帝国,他们就总是诸侯前进的障碍。脑满肠肥的主教、修道院院长以及他们的修道士走卒的奢侈生活引起了贵族的忌妒,激起了人民的愤怒。人民不得不承担他们这种生活的耗费;他们的奢侈生活越是同他们的说教形成鲜明的对照,人民就越是怒不可遏。

僧侣中的**平民**集团是由农村传教士和城市传教士组成的。他们不属于教会的封建教权等级,不能分享教会的财富。他们的工作不大有人过问;虽然他们的工作对教会十分重要,可是在当时却远不像兵营内的修道士警察活动那样不可缺少。因此,他们的报酬就少得多,其薪俸多半都很菲薄。他们出身于市民或平民,生活状况同群众十分接近,因此他们尽管身为僧侣,还是保持着市民和平民的思想感情。参加当时的运动,在修道士中间只是例外,而在传教士中间却很普遍。他们为运动贡献出理论家和思想家,其中许多人都成了平民和农民的代表,并为此而牺牲在断头台上。人民对僧侣的憎恨只是在极个别的情况下才指向他们。

正如在诸侯和贵族之上有皇帝一样,在高级僧侣和低级僧侣之上也有**教皇**。正如对皇帝要纳"公捐",即帝国税[35]一样,对教皇也要纳一般教会税,而教皇就是用教会税去支付罗马教廷的豪华生活费用的。德国由于僧侣人多势众,因此这种教会税比任何其他国家都征收得更加认真和严格。特别是在主教出缺后新任者要向教皇交纳上任年贡[36]时,就更是如此。随着需要的日益增长,搜括钱财的新花样也相继发明出来了,诸如贩卖圣徒遗物、收取赎罪金和庆祝费等等。大宗钱财就这样年复一年地从德国流入罗马;由此而增加的沉重负担不仅加深了人们对僧侣的憎恨,而且激发了民族感情,特别是激起了贵族们的民族感情,贵族们在当时是最有民族意识的等级。

随着商业和手工业的兴盛,中世纪**城市**最初的城关市民**37**中发展出三个截然不同的集团。

高踞在城市社会上层的是**城市贵族**,即所谓"**名门望族**"。他们都是最富有的人家。他们独自操纵市政当局,并占据一切城市官职。因此他们不仅管理,而且也侵吞城市的收入。他们倚仗其财富,倚仗其世代沿袭的、得到皇帝和帝国承认的贵族地位,不仅用各种方式剥削城市公社,而且也剥削隶属于城市的农民。他们用谷物和钱币放高利贷,把各种垄断权强行据为己有,把公社中共同享用城市森林和牧场的一切权利逐步取消,并把这些森林和牧场直接用来谋取私利;他们擅自在大路、桥头和城门口设置税卡,还征收其他捐税;他们利用行会特权、师傅权、市民权和司法权做交易。他们对待城郊农民并不比贵族和僧侣宽厚;恰恰相反,城市派往乡村的官吏,全都出身城市贵族,他们在征税工作中除了表现出贵族的残酷和贪婪,还带有官僚制度下的精细苛刻作风。通过这类手法聚敛的城市收入,竟听凭这些人极其随意地掌管。市政财务账目纯粹是官样文章,草率紊乱到了极点;侵吞和亏空成了家常便饭。要想了解这个在一切方面都拥有特权、人数较少、靠亲戚关系和利害关系紧密结合起来的特权阶层,在当时是如何轻而易举地从城市收入中大量中饱私囊,我们只要回想一下 1848 年在许多城市管理机构中揭露出的数不胜数的侵吞诈骗行径,就一目了然了。

城市贵族处心积虑地取消城市公社在各个领域的权利,特别是在财政方面的权利。直到后来,当这些老爷的欺诈行径变得穷凶极恶时,各公社才又行动起来,以期至少要掌握监督市政管理的权利。在大多数城市中,公社也确实恢复了自己的权利。但是,由于各个行会之间争斗不已,由于城市贵族不肯甘休,并受到帝国以及同他们结盟的各个城市政府的保护,这些出身于城市贵族的市政会成员便通过巧取豪夺,很快又在实际上恢复了他们原有的独占统治地位。16世纪初期,在所有的城市中,公社都重新回到反对派的地位。

在城市中,反对城市贵族的反对派分为两个集团,这两个集团在农民战争中态度都十分鲜明。

市民反对派,也就是我们今天的自由派的前身,它包括比较富裕的市民和中等市民,以及一部分小市民。这部分小市民的人数随各地情况不同而多少不等。市民反对派完全是在合法基础上提出要求。他们要求通过公社大会本身或是通过公社代表机构(扩大的市政会、公社委员会),去监督市政管理并分享立法权;其次,他们要求对城市贵族任人唯亲和少数家族独揽大权的状况加以限制,这种状况甚至在城市贵族内部也日益明显了。此外,市民反对派至多还要求由他们中间的市民在市政会里担任几个职位。这个反对派有时也有城市贵族中的心怀不满和潦倒没落的团体参加进来。在所有正规的公社大会中,在各个行会中,这个反对派都占大多数。而市政会的支持者和较激进的反对派合计起来在真正的**市民**中只占绝对少数。

我们在下面可以看到,这个"温和的"、"合法的"、"富裕的"、"有教养的"反对派如何在16世纪的运动中扮演了同他们的后代门徒——立宪派——在1848和1849年的运动中一模一样的角色,并且取得了完全相同的成就。[38]

此外,市民反对派还很激烈地反对僧侣,僧侣的奢靡生活和放荡行为使他们深恶痛绝。他们要求采取措施对这些尊贵人士的卑劣行径加以惩处。他们要求废止僧侣的独立审判权和免税权,并且限制全体修道士的人数。

平民反对派是由没落的市民和没有市民权的城市居民群众构成的。这些没有市民权的群众包括:手工业帮工、短工以及在城市发展较低阶段出现的人数众多的早期流氓无产阶级。一般说来,流氓无产阶级是迄今为止几乎所有社会发展阶段都出现过的现象,只是发展程度各不相同罢了。而正是在当时,由于社会中封建制度的崩溃,那些没有固定职业或者没有固定住所的人就大量增加,因为在这个社会中,每一种行业、每一个生活领域都是无数特权把持的禁地。在所有发达的国家中,流浪者的人数从来都没有像16世纪上半叶那么多。这些流浪者,一部分在战争期间参加了军队,另一部分到处行乞,还有一部分在各城市靠做短工以及其他不属于行会的工作以糊口。所有这三部分流浪者都在农民战争中扮演了某种角色:第一部分参加了镇压农民的诸侯军队;第二部分参加了农民秘密结社和农军,在这里,他们随时都在产生涣散斗志的影响;第三部分参加了城市派别斗争。然而不可忘记,这个阶级中的大部分人,尤其是住在城市的那一部分人,当时基本上还保持着纯朴的农民本性,还远没有发展到今天开化了的流氓无产阶级这种卑贱和堕落的地步。

可见,当时城市中的平民反对派是由很复杂的成分组成的。它把旧封建行会社会的没落成分,同处于萌芽状态的现代资产阶级社会中刚刚崛起但尚未发展的无产阶级成分结合起来了。一方面是陷入贫困境地的行会师傅,这些人由于享有特权还同当时的市民社会秩序血肉相连;另一方面是被驱逐的农民和被辞退的侍从人员,这些人还不可能变成无产者。介于二者之间的是帮工,这些人暂时还没有取得正式的社会地位,在当时那样的工业发展阶段,在行会特权还存在的情况下,他们的生活状况最接近无产阶级;但同时也正由于这种行会特权的关系,这些人差不多都是未来的市民师傅。因此,这个由各种成分混合而成的人群,其党派倾向当然是非常不稳定的,而且是因地而异的。在农民战争以前,平民反对派在政治斗争中不是作为一个派别出现,而只是作为市民反对派的尾巴出现,他们吵吵嚷嚷,一心只想攫取财物,为了几桶葡萄酒就可以供人驱使。农民的起义才使他们成为一个派别,而即使在这个时候,他们的要求和行动仍然几乎处处都以农民为转移——这正是当时城市还紧紧依赖农村的一个明显证据。一旦他们以独立姿态出现,他们就要求确立城市手工业在农村的垄断地位,就不愿意免除郊区的封建负担而使城市收入减少,以及其他等等。总而言之,就这一点来说,他们是反动的,他们为自身的小资产阶级本性所支配,从而为最近三年来现代小资产阶级在民主招牌下演出的悲喜剧揭开了典型的序幕。

只是在受闵采尔直接影响的图林根和其他某些受他的弟子直接影响的地方,城市平民集团才被卷入整个风暴,以致其中处于萌芽状态的无产阶级成分比运动中的其他一切集团都暂居上风。这段插曲构成了整个农民战争的最高潮,它的中心是农民战争中最伟大的人物**托马斯·闵采尔**,可是这段插曲为时极其短暂。城市平民集团势必垮得最快,同时,他们势必在很大程度上带有幻想的色彩,他们的要求也必然表达得极其含糊,所有这些都是不言而喻的;因为在当时的情况下,正是他们这一集团最缺乏牢固的基础。

　　处于所有这些阶级(平民反对派除外)之下的,就是这个民族中遭受剥削的广大群众——**农民**。压在农民头上的是社会的各个阶层:诸侯、官吏、贵族、僧侣、城市贵族和市民。无论农民是属于一个诸侯、一个帝国直属贵族、一个主教、一个寺院,还是属于一个城市,他们都毫无例外地被当做一件东西看待,被当做牛马,甚至连牛马都不如。如果他们是农奴,那就得无条件地听从主人支配。如果他们是依附农,契约规定的法定负担已经压得他们透不过气了,可是这些负担还在一天天加重。他们必须以绝大部分时间在主人的田庄上劳动;而他们在少量的自由时间里的劳动所得,还要用来缴纳什一税、地租、土地税、财产税、远征税(战争税)、邦税和帝国税**35**。农民若不向主人送钱,非但不能结婚,连死也不行。除了常规徭役以外,农民还要为老爷采集干草、草莓、越桔、蜗牛壳,驱赶野兽以供打猎,为主人砍柴等等。捕鱼和打猎都是主人才可以干的事;如果野兽践踏了农民的庄稼,农民只许眼睁睁地看着。农民的公社牧场和林地几乎到处都被主人强占。主人像支配财产一样任意支配农民及其妻女的人身。主人享有初夜权。主人可以任意把农民投入监牢;在监牢中,正如今天一定有预审法官等着一样,当时一定有刑具等着农民。主人可以任意把农民打死,或者把农民斩首。加洛林纳法典**39**中的那些含有惩戒意义的条款提到了"割耳"、"割鼻"、"剜眼"、"断指断手"、"斩首"、"车裂"、"火焚"、"夹火钳"、"四马分尸"等等,其中没有一项不被这些尊贵的老爷或保护人随心所欲地用来对付农民。谁来保护农民呢?法庭上坐着的都是权贵、僧侣、城市贵族或律师,他们深知拿了钱就该办什么事。帝国官场中各等级本来就是靠从农民身上吮血吸髓过活的。

农民对这种可怕的压迫恨得咬牙切齿,可是要让他们举行起义却很困难。他们散居各地,要取得任何共同协议都无比困难。农民世世代代习惯于逆来顺受;在许多地区,已经禁绝使用武器;剥削的严酷程度随着主人的不同而有轻有重;所有这些情况,都促使农民默然忍受。因此,我们在中世纪可以找到很多局部性的农民暴动,但是——至少在德国——在农民战争以前,遍及各地的、全国性的农民起义却一次也找不到。与农民对峙的是诸侯、贵族和城市的有组织的力量,他们相互结盟,严阵以待,这种情况一日不变,农民就不可能独立进行革命。农民只有同其他等级结成联盟才有胜利的机会;但是,既然所有其他等级一齐剥削农民,农民如何去同他们联合呢?

可见 16 世纪初期帝国的各个不同等级——诸侯、贵族、高级教士、城市贵族、市民、平民和农民,形成了一种极其杂乱的人群,他们的要求极其悬殊而又错综复杂。每一等级都妨碍着另一等级,都同所有其他等级进行不断的、有时公开有时隐蔽的斗争。整个民族分裂为两大营垒的情形,在法国第一次革命爆发时曾经出现过,目前在最进步的国家中正在更高的发展阶段上出现,但是在当时德国的条件下是完全不可能的。只有当这个民族中遭受所有其他等级剥削的最下层人民,即农民和平民起来暴动的时候,那种分裂为两大营垒的情形才稍有可能出现。今天的德意志民族是由封建贵族、资产阶级、小资产阶级、农民和无产阶级构成的,这种状况远不像当时那样复杂。我们如果回想一下过去两年中这种阶级结构竟造成了怎样的混乱,那么,对于那个时代各种利害关系、各种见解和各种意图纷纭错杂的情况,就不难理解了。

16 世纪的德国农民战争

二

　　由于存在着地方分权以及地方和各省的独立地位,由于各省工商业彼此隔绝,由于交通条件恶劣,当时那么多的等级几乎不可能归并成较大的集团。这种归并是在宗教改革时期随着革命的宗教政治思想的普遍传播才开始出现的。赞成或者反对这些思想的各个等级(当然只是很费劲地而且勉强地)把全民族集结成三大营垒,即天主教或反动营垒、路德的市民改良营垒、革命营垒。这次全民族大分化并不彻底,而且在第一第二两大营垒中还有一部分成分是相同的,这是因为从中世纪沿袭下来的大多数正式的等级此时已经处于解体状态;又因为地方分权状态使同样的等级在不同的地方暂时向完全相反的方向前进。我们在过去几年常常有机会在德国见到这类十分相似的事实,因此,在16世纪更为复杂的情况下,各个等级和阶级之间看来混淆不清的现象就不会使我们感到惊奇了。

　　虽然有了最近的经验,但是照德意志意识形态看来,把中世纪送入坟墓的那些斗争仍然只不过是激烈的神学上的争论。在我们的爱国的历史学家和聪明的政治家们看来,只要那个时代的人能够对天国事物取得一致的认识,他们就毫无理由去为人间的事物争吵了。这些意识形态家实在轻信,总是把某一个时代关于本时代的一切幻想当做确凿的事实,或者把某一个时代的意识形态家们关于那个时代的一切幻想当做确凿的事实。例如,正是这帮人把1789年革命看成只不过是对于立宪君主制优于专制君主制问题的激烈辩论,把七月革命[40]看成只是关于"神授"君权无法继续这一问题的实际争执,把二月革命[41]看成只是解决"要共和制还是要君主制?"这一问题的尝试,诸如此类,不一而足。其实在这些大震荡中,始终贯穿着**阶级斗争**,而且每次写在旗帜上的政治口号都是阶级斗争的赤裸裸的表现,可是对于这些阶级斗争,我们的意识形态家们甚至直到今天还几乎一无所知,虽然关于阶级斗争的信息不仅从国外频频传来,而且从成千上万的国内无产者发自底层的抱怨和愤怒声中也清晰可闻。

16世纪的所谓宗教战争首先也是为着十分实际的物质的阶级利益而进行的。这些战争同后来英国和法国的国内冲突完全一样,都是阶级斗争。如果说这些阶级斗争当时是在宗教的标志下进行的,如果说各阶级的利益、需要和要求都还隐蔽在宗教外衣之下,那么,这并没有改变事情的实质,而且也不难用时代条件来加以解释。

中世纪完全是从野蛮状态发展而来的。它把古代文明、古代哲学、政治和法学一扫而光,以便一切都从头做起。它从没落的古代世界接受的唯一事物就是基督教和一些残破不全而且丧失文明的城市。其结果正如一切原始发展阶段的情形一样,僧侣获得了知识教育的垄断地位,因而教育本身也渗透了神学的性质。在僧侣手中,政治和法学同其他一切科学一样,不过是神学的分支,一切都按照神学中适用的原则来处理。教会的教条同时就是政治信条,圣经词句在各个法庭都具有法律效力。甚至在法学家已经形成一个等级的时候,法学还久久处于神学控制之下。神学在知识活动的整个领域的这种至高无上的权威,同时也是教会在当时封建统治下万流归宗的地位的必然结果。

显然,这种情况下,一切针对封建制度发出的全面攻击必然首先就是对教会的攻击,而一切革命的、社会和政治的理论大体上必然同时就是神学异端。为了有可能触犯当时的社会关系,就必须抹掉笼罩在这些关系上的灵光圈。

反封建的革命反对派活跃于整个中世纪。随着时代条件的不同,他们或者是以神秘主义[42]的形式出现,或者是以公开的异教的形式出现,或者是以武装起义的形式出现。说到神秘主义,大家知道,16世纪的宗教改革派同它有着很深的依赖关系;就连闵采尔也从神秘主义中吸取了许多东西。至于各种异教,其中一部分是实行宗法制的阿尔卑斯山牧民反对封建势力侵入他们生活的表现(韦尔登派[43]);一部分是越出封建制度的城市同封建制度对抗的表现(阿尔比派[44]、布雷西亚的阿尔诺德[45]等等);一部分是农民直接暴动的表现(约翰·保尔[46]、皮卡第地方的匈牙利牧师[47]等等)。韦尔登派的宗法制异教,同瑞士人的暴动完全一样,无论就形式还是就内容来看,都是阻碍历史运动的一种反动企图,而且只有地方性的意义,所以在这里不必多谈。在其余的两种中世纪异教形态中,我们看到,早在12世纪就已经出现了市民反对派和农民平民反对派大规模对立的先兆,农民战争后来就是由于这种对立而归于失败的。这一对立贯穿于整个中世纪末期。

城市的异教——这是中世纪真正公开的异教——主要是反对僧侣,对他们的豪富殷实和政治地位进行抨击。正如现在资产阶级要求一个廉价政府一样,中世纪市民首先要求一个廉价教会。

市民异教同所有把教会和教条的发展仅仅看成是一种蜕变的异教一样,从形式上来看是反动的,它要求恢复原始基督教的简单教规,要求取消自成一统的僧侣等级。实行这种廉价措施,就会取消修道士,取消高级教士,取消罗马教廷,一言以蔽之,就会取消教会中一切耗费钱财的东西。这些城市虽然还处于君主保护之下,但它们本身已经是共和国,它们在对教皇权力进行攻击时,就第一次以一般形式提出:资产阶级统治的正常形式是共和国。这些城市之所以对一系列教条和戒律如此敌视,一部分可以由上述情况来说明,一部分也可以由当时城市的其他生活条件来说明,例如,为什么这些城市要如此激烈地反对独身制度呢? 其中的道理没有人比薄伽丘说得更清楚了。这一派的主要代表人物,在意大利和德国有布雷西亚的阿尔诺德,在法国南部有阿尔比派,在英国有约翰·威克利夫[48],在波希米亚有胡斯[49]和加里克斯廷派[50]。至于反对封建制度的反对派在这里只是以反对**教会**封建势力的反对派姿态出现,其理由十分简单,因为各城市都已经被承认为等级,它们已经能够运用武力或在等级会议中以足够的力量去反对世俗的封建势力及其特权了。

我们在这里也可以看到,无论在法国南部,还是在英国和波希米亚,绝大部分下层贵族在反对僧侣的斗争中和从事异教活动时都加入城市一方。产生这种现象的原因,是由于下层贵族依赖城市,也是由于在面对诸侯和高级教士时,下层贵族和城市有着共同的利益。这种现象我们在农民战争中还会见到。

另一种异教则有完全不同的性质,这种异教是农民和平民的要求的直接表现,并且几乎总是同起义结合在一起的。这种异教虽然也同意市民异教关于僧侣、教皇权力以及恢复原始基督教教规的一切要求，但是它却走得更远。它要求在教区成员间恢复原始基督教的平等关系，要求承认这种关系也是市民间的准则。它从"上帝儿女的平等"得出有关市民平等的结论，甚至已经部分地得出有关财产平等的结论。它要求贵族同农民平等，要求城市贵族和享有特权的市民同平民平等，它要求取消徭役、地租、捐税、特权，要求至少消除那些极其悬殊的贫富差别——这些要求，都是带着或多或少的明确性提出来的，而且被说成是原始基督教教义的必然结论。这种农民平民异教，在封建制度全盛时期，例如在阿尔比派中，还不易同市民异教相区别，但是到了 14 和 15 世纪，它就发展成一种与市民异教截然不同的派别见解了，这时，农民平民异教通常总是完全独立地出现，同市民异教并立。例如在英国，在威克利夫运动之外有瓦特·泰勒起义[51]的传教者约翰·保尔。又如在波希米亚，在加里克斯廷派之外有塔博尔派[52]。在塔博尔派里，甚至已经在神权政治的掩饰下出现了共和制倾向，而在 15 世纪末、16 世纪初，德国的平民代表人物又进一步发展了这种倾向。

有些神秘主义宗派的狂想就同上述这种异教形式结合在一起，例如鞭笞派[53]、罗拉德派[54]等等的狂想就是如此。这些宗派在被迫害时期还继续保持着革命传统。

平民在当时是完全被排斥于正式存在的社会之外的唯一阶级。他们处于封建组织之外，也处于市民组织之外。他们既没有特权，又没有财产；他们甚至不如农民和小市民，连一点带着沉重税负的产业也没有。他们在任何情况下都是既没有产业又没有权利的。他们的生活条件甚至同当时的公共机构毫无直接关系，这种公共机构完全不理会他们。他们是封建社会和行会市民社会解体的生动的象征，同时又是现代资产阶级社会的最初的先驱者。

从平民的这种地位就可以解释,为什么平民集团早在当时就不可能仅限于反对封建制度和享有特权的城关市民[37],为什么这个集团——至少在幻想里——甚至已经超出当时刚刚萌生的现代资产阶级社会,为什么这个完全无产的集团早在当时就必然对一切以阶级对立为基础的社会形式所共有的公共机构、观点和看法提出疑问。原始基督教中的锡利亚式狂想[55]同这类想法就很容易联系起来。但是,这种超越不仅超出了现在,甚至超出了未来,因此,它只能是武断的、空想的超越,而在第一次付诸实践的尝试之后,就不得不退到当时条件所容许的有限范围中去。对私有制的攻击,对财产公有制的要求,都必然烟消云散,结果出现的只是原始的慈善团体;意义模糊的基督教平等,至多只能归结为资产阶级的"法律面前一律平等";要废除一切官厅,最后变成了要建立民选的共和政府。这种靠幻想来对共产主义所作的预见,在实际上成了对现代资产阶级关系的预见。

这种武断的、但是很容易从平民集团的生活状况中得到解释的对于未来历史的预见,最初出现在**德国**,出现在**托马斯·闵采尔**和他那一派中。诚然,在塔博尔派那里已经存在过一种锡利亚式的财产公有制,但只是作为纯粹军事措施而存在的。直到闵采尔才用这种刚刚萌生的共产主义思想来表达一个现实的社会集团的要求,直到闵采尔才以一定的明确性把它表达出来;自闵采尔以来,民众在每一次动荡中都出现这种思想,直到它渐渐同现代无产阶级运动合流为止。这种情况,正如中世纪自由农民反对封建统治日益加紧束缚的斗争同农奴和依附农为完全打破封建统治而进行的斗争合流一样。

在三大营垒中的第一营垒即**保守的天主教营垒**中,集结了所有希望维持现状的势力,即帝国政府、僧侣诸侯以及一部分世俗诸侯、富裕贵族、高级教士、城市贵族;而聚集在**市民阶级温和派路德**改革旗帜下的是反对派中的有产者势力,即大量的下层贵族、市民阶级,甚至还包括一部分希望通过没收教会财产中饱私囊并想乘机脱离帝国羁绊而扩大独立地位的世俗诸侯。至于农民和平民则组成了**革命派**,其要求和理论都由闵采尔作了极其鲜明的表述。

路德和闵采尔,无论就其理论来说,还是就其性格和行动来说,都不折不扣地代表着他们各自的派别。

路德在 1517 年到 1525 年这几年间所经历的转变,恰恰就是现代德国立宪派从 1846 年到 1849 年所经历的转变,也恰恰就是一切资产阶级党派目前正在经历的转变,这些资产阶级党派一度被推到运动的领导地位,但在这种运动中一转眼就被站在它背后的平民党派或无产阶级党派抛到后面去了。

当路德在 1517 年开始反对天主教会的教条和制度的时候,他的反对立场还根本没有明确的性质。这种反对立场没有超出以往的市民异教所提出的要求的范围,可是,它没有也不可能排斥任何一种更为激进的思潮。因为在最初它不能不把一切反对派势力团结起来,不能不表现出最坚决的革命魄力,不能不代表迄今所有的异教去同天主教正宗信仰对抗。我们的自由派资产者恰恰就是这样,他们在 1847 年还是革命的,还自命为社会主义者和共产主义者,还热衷于工人阶级解放事业。路德在他活动的最初阶段,以无比激烈的方式表现出他那强健有力的农民本性。

"如果他们〈罗马僧侣〉还要继续逞凶肆虐,我以为只有请国王和诸侯采用暴力,武装自己,讨伐这些毒害整个世界的恶人,**不用语言而用武器**去制止他们的罪行,除此而外,简直没有更好的办法和药方来遏制这种暴虐行径。

我们既然用刀剑惩治盗贼,用绞索惩治杀人犯,用烈火惩治异教徒,为什么不**运用一切武器**来讨伐这些身为教皇、红衣主教、大主教而又伤风败俗、教人作恶的丑类,以及罗马罪恶城中的所有奸邪之徒,并**用他们的血来洗净我们的双手**呢?"①

　　但是早期的这种火一般的革命热情并没有维持多久。路德放出的闪电引起了燎原烈火。全体德国人民都投入了运动。一方面,农民与平民把路德反对僧侣的号召和关于基督教自由的说教看成是起义的信号;另一方面,较温和的市民和一大部分下层贵族也站到了路德一边,甚至诸侯也被卷进了这个潮流。农民与平民认为向一切压迫他们的人进行清算的日子来到了;而市民、贵族和诸侯只想剥夺僧侣的权力,摆脱对罗马的依附,废除天主教教阶制度,并且没收教会财产而大发横财。两派势力壁垒分明,并且各自找到了自己的代表人物。路德不得不在两派中进行抉择。这个受到萨克森选帝侯②保护的人,这个维滕贝格的名教授,这个一鸣惊人、声势煊赫而被一群趋炎附势之徒簇拥着的大人物,毫不踌躇地抛弃了运动中的下层人民,倒向了市民、贵族和诸侯一边。剿灭罗马的号召销声匿迹了;现在路德吹起了**和平发展**和**消极抵抗**的调子(见 1520 年《给德意志基督教贵族的公开信》等文件)。当胡登邀请路德前往贵族密谋反对僧侣和诸侯的中心埃伯恩堡去同他本人和济金根见面时,路德回答道:

　　"我不希望人们**靠暴力和流血**来维护福音。世界是靠圣经来征服的,教会是靠圣经来维持的,也还是要靠圣经来复兴。反基督的人们不用暴力而取

① 威·威美尔曼《伟大农民战争通史》1841 年斯图加特版第 1 卷第 364—365 页。——编者注
② 弗里德里希三世。——编者注

得一切,同样,他们也将在不施暴力的情况下自取灭亡。"①

从路德发生了这样的转变时起,或者更确切些说,从路德比较清楚地确定了方向时起,就开始了那一场讨价还价的争论,以决定教会机构和教条哪些需要保留,哪些需要改革;就开始了那一场施展权术、妥协变通、玩弄阴谋和握手成交的丑恶把戏,其结果就是奥格斯堡告白[56],也就是经过讨价还价而最终议定的改革后的市民教会的章程。正是这种肮脏的交易,近来又令人作呕地以政治形式在德国国民议会、协商议会、宪法审查会议以及爱尔福特议会中重演。官方宗教改革的市侩性质在这类交易中表现得最为露骨。

路德如今公然成了市民阶级改革的代表人物,他鼓吹合法的进步是有他的理由的。当时多数城市已经倾向于温和的改革;下层贵族参加温和改革的越来越多,一部分诸侯也随声附和,另一部分诸侯则举棋不定。至少在德国的大部分地区,温和的改革可以说已经稳操胜券。如果形势继续和平地发展下去,其余地区也不能长久抵挡温和反对派的进逼。但是,任何激烈的动荡都必然促使温和派同激进的平民农民派发生冲突,必然导致诸侯、贵族和一些城市退出运动,其结果不是市民派被农民与平民所压倒,就是参加运动的所有派别一齐被天主教复辟势力所镇压,二者必居其一。资产阶级政党只要稍微取得一点点胜利,就立即企图利用合法进步的手段周旋于革命的岩礁和复辟的漩涡之间[57]。这种情况,我们在最近时期也屡见不鲜。

---

① 威·戚美尔曼《伟大农民战争通史》1841 年斯图加特版第 1 卷第 366 页。——编者注

在当时的一般社会政治条件下,任何一种变动的结果都必然有利于诸侯,必然加强诸侯势力;市民阶级的改革也同样如此,它越是明显地脱离平民和农民群众,便越要落在改革派诸侯的控制之下。路德本人已经日益变成了诸侯的奴仆,而民众也很清楚应该怎么办,他们说,路德也同其他一些人一样,变成了诸侯的仆人;民众还在奥拉明德追击路德,向他投掷石块。

当农民战争在诸侯和贵族绝大部分都信天主教的地区爆发时,路德企图采取调解的态度。他极力攻击这些地区的政府,认为起义是由于他们施行苛政而引起的;并不是农民要反对他们,而是上帝本身要反对他们。另一方面,在他看来起义当然也是亵渎上帝、违反福音的。最后他劝告双方让步,实行和解。①

但是,这种好意的调解建议无济于事,起义还是迅速蔓延开来,甚至席卷了路德派诸侯、贵族和城市所统治的新教地区,很快就冲出了市民阶级"慎重考虑"的改革的范围。闵采尔所领导的最坚决的一支起义队伍就把大本营设在最靠近路德的图林根。如果再取得一些进展,整个德国就会烽火漫天,路德就会陷入重围,人们也许就会手持长矛驱逐他这个叛徒,市民阶级的改革就会被农民平民革命的洪流冲垮。在这种时候,就再也没有什么慎重考虑的余地了。在革命面前,一切旧仇都抛到了九霄云外;同农民暴徒相比,罗马罪恶城的奴仆们都成了无罪的羔羊,成了上帝的温顺的孩子;市民和诸侯、贵族和僧侣、路德和教皇都联合起来"反对杀人越货的农民暴徒"①。路德大声疾呼:

① 马丁·路德《反对杀人越货的农民暴徒》1525 年维滕贝格版。——编者注

"凡是力所能及的人，都应当用秘密的或者公开的方式，去戳碎他们，扼死他们，刺死他们，就像必须打死疯狗一样！""所以，亲爱的先生们，想想办法吧，救救局势吧，凡是力所能及的人，都来刺死他们，击毙他们，扼死他们吧。如果你因此而死，那么你将无比荣幸，死得其所。"①

路德认为，决不可对农民乱发慈悲。谁怜悯上帝所不怜悯的人，谁怜悯上帝所要惩罚和毁灭的人，谁就是置身于叛乱者的行列。如果农民只须交出一头牛，就可以安然享用另一头牛，他们就会感谢上帝；诸侯们要从这次叛乱事件中认识到，贱民头脑里想的是什么，对于他们，只能用暴力来进行统治。②

"圣人说：驴子需要的是吃草、负重和挨鞭。而农民需要的是吃糠咽菜，他们不听圣经，十分愚蠢，所以必须让他们听鞭声和枪声，他们活该如此。我们应当为他们祈祷，使他们俯首听命；如果他们竟敢违抗，那就不必再讲什么慈悲。让他们尝尝枪林弹雨的滋味吧，否则他们还会干出千百倍的坏事来呢。"③

当无产阶级在三月革命⁵⁸以后要求分享胜利果实的时候，先前曾标榜社会主义和博爱的那些资产者恰恰就是用这样的腔调来讲话的。

路德通过翻译圣经给平民运动提供了一种强有力的武器。他在圣经译本中使公元最初几个世纪的纯朴基督教同当时已经封建

① 马丁·路德《1525 年 5 月 30 日给约翰·吕埃尔的信》，见威·戚美尔曼《伟大农民战争通史》1843 年斯图加特版第 3 卷第 713 页。——编者注

② 马丁·路德《就反对农民的小册子发的通函》1525 年版。——编者注

③ 马丁·路德《1525 年 5 月 30 日给约翰·吕埃尔的信》，见威·戚美尔曼《伟大农民战争通史》1843 年斯图加特版第 3 卷第 714 页。——编者注

化了的基督教形成鲜明的对照,提供了一幅没有层层叠叠的、人为的封建等级制度的社会图景,同正在崩溃的封建社会形成鲜明的对照。农民利用这种武器从各方面反对诸侯、贵族、僧侣。而现在路德竟把这一武器掉转过来反对农民,他从圣经中拼凑了真正的赞美诗去歌颂那些由上帝委派的当权者,这是任何一个舔食专制君主残羹的臣仆从来没有能够做到的。神授君权、唯命是从,甚至农奴制度都由圣经认可了。在这方面,不仅农民起义,就连路德本人对教会权威和世俗权威的反抗活动也被全盘否定;这样,路德不仅把下层人民的运动,而且连市民阶级的运动也出卖给诸侯了。

资产者最近又给我们提供了许多否定自己过去所作所为的实例,这些难道还要一一列举吗?

现在让我们把平民革命家**闵采尔**和市民宗教改革家路德作一番对比。

托马斯·闵采尔大约在 1498 年[59]生于哈茨山麓的**施托尔贝格**。相传他的父亲死在绞刑架下,成了施托尔贝格伯爵淫威的牺牲品。闵采尔早在 15 岁时就在哈雷中学组织秘密团体反对马格德堡大主教①,并反对整个罗马教会。他在当时神学领域的渊博知识使他早就获得了博士学位,并取得了哈雷的一个女修道院神父助手的职位。在这里,他已经以极端蔑视的态度对待教会教条和仪式;在举行弥撒的时候,他根本不朗诵把圣餐酒饼化为基督血肉的祷词,照路德描写他的话来说,他是以不信教的态度把圣体吃掉了②。他研究的主要对象是中世纪神秘主义者,特别是卡拉布

---

① 恩斯特第二。——编者注
② 《马丁·路德论温克尔麦斯的信》,见威·威美尔曼《伟大农民战争通史》1842 年斯图加特版第 2 卷第 55 页。——编者注

里亚人约雅敬撰写的论述锡利亚教义[55]的著作。在闵采尔看来，约雅敬所宣告和描绘的千年王国[60]以及对堕落教会和腐败世界的末日审判，随着宗教改革以及当时遍及各地的风潮而即将来临。他的布道在周围地区受到了热烈欢迎。1520 年，他作为第一个宣讲新教教义的布道者前往茨维考。在那里，他遇到了狂热的锡利亚教派中的一支，这个教派在许多地区秘密地坚持活动，过去，他们一度做出卑微恭顺、与世无争的姿态，以掩盖最下层社会对现状的日益强烈的反抗；而现在，随着鼓动工作不断加强，他们已经越来越公开而顽强地出现在大庭广众之中了。这个教派就是再洗礼派[61]，其领导者是尼克拉斯·施托尔希[62]。他们宣称末日审判和千年王国的实现已为期不远，他们能够"见神、通神并且传达神谕"。不久他们就同茨维考市政会发生冲突；虽然闵采尔从未无条件地参加这一派，相反，倒是这一派受了他的影响，但闵采尔仍然出来保护他们。市政会采取坚决行动反对他们；他们不得不离开这座城市。闵采尔也同他们一道离去。这些事发生在 1521 年底。

闵采尔来到布拉格，同胡斯运动[49]的余部取得联系，力图在这里立足。他发表了宣言①，但结果只是使他不得不又逃出波希米亚。1522 年他在图林根的阿尔施泰特城担任布道者。他在这里开始对礼拜仪式进行改革。路德还不敢做的事他已经付诸实施。他完全不用拉丁文，而且在规定宣读礼拜日福音书和使徒书信的时候，他也不只宣读这两部分而是宣读全部圣经。同时

---

① 托·闵采尔《布拉格宣言》，见威·戚美尔曼《伟大农民战争通史》1842 年斯图加特版第 2 卷第 64—67 页。——编者注

他又组织了附近地区的宣传工作。人民从四面八方来归附他，不久阿尔施泰特就成为整个图林根下层民众反对僧侣的运动的中心。

当时闵采尔主要还是神学家；他所攻击的对象几乎还只是僧侣。但是，他却不像路德当时所做的那样，提倡平心静气的辩论与和平的进步，而是把路德早期那种激烈的布道继续下去，并号召萨克森诸侯和人民起来用武力对付罗马僧侣。

"基督说过：我不是带着和平，而是带着刀剑来的。但是你们〈萨克森诸侯〉要刀剑干什么呢？你们如果要做主的仆役，那就没有别的选择，只有去驱除妨害福音的恶魔。基督十分严肃地下了命令（见《路加福音》第19章27节）：把我那些仇敌拉来，在我面前杀了吧……不要有这种浅陋的看法，认为此事应靠主的力量去完成，而不需要你们手持刀剑予以协助，果真如此，你们的刀剑就要在鞘中生锈了。凡是违背主的启示的人，都必须消灭掉，而不予任何宽赦，就像希西家、居鲁士、约西亚、但以理和以利亚消灭侍奉巴尔的僧侣们一样，否则基督教会就不会恢复本来面目。我们必须在收获的时节在主的葡萄园里拔除莠草。主在摩西《申命记》第7章说过：你们不可怜恤不跟从主，而去侍奉其他神的人，拆毁他们的祭坛，打碎他们的柱像，用火焚烧他们的偶像，这样我才不会怒斥你们。"①

但是，对诸侯提出的这些要求并无结果，而与此同时，人民中的革命激情却一天比一天高涨。闵采尔的思想越来越犀利，也越来越果敢，于是他坚决地同市民阶级宗教改革分道扬镳，从此之后他就同时直接以政治鼓动家的姿态出现了。

① 托·闵采尔《对诸侯讲道。解释〈但以理书〉第二章，由上帝的代言者托马斯·闵采尔在阿尔施泰特宫对积极的、可敬的诸侯们和萨克森的执政者们进行讲解》，见威·威美尔曼《伟大农民战争通史》1842年斯图加特版第2卷第69页。——编者注

他的神学—哲学理论不仅攻击天主教的一切主要论点,而且也攻击整个基督教的一切主要论点。他利用基督教形式宣讲一种泛神论,这种泛神论同近代的思辨观点[63]有着惊人的相似之处,有些地方甚至已经接近无神论。他既否认圣经是唯一的启示,也否认圣经是无误的启示。照他看来,真正的、生动活泼的启示是理性,这种启示曾经存在于一切时代和一切民族之中,而且现在依然存在。他认为,如果把圣经同理性对立起来,那就意味着以经文扼杀圣灵。因为圣经所宣讲的圣灵并不是我们身外的存在物;圣灵本来就是理性。信仰无非是理性在人身上的复苏,因此非基督徒同样可以有信仰。通过这种信仰,通过这种复苏的理性,人人可以有神性,人人可以升入天堂。因此天堂并不是什么彼岸世界的事物,天堂必须在此生中寻找,信徒的使命就是要把天堂即天国在人世间建立起来。既然无所谓彼岸的天堂,当然也就无所谓彼岸的阴间或地狱。同样,也就没有什么魔鬼,有的只是人的邪念和贪欲。基督同我们一样也曾是人,不过他是先知和师长,他的圣餐其实只是简单的纪念宴会,在宴会上大家享用的饼和酒并没有加入任何神秘的佐料。

近代哲学曾经在一段时期里不得不以基督教辞令作掩饰,闵采尔宣讲上述这些教义也大半是以同样的基督教辞令为掩饰。但他的著作到处都流露出他那极端异教的基本思想,可以看出,闵采尔对这件圣经外衣的态度远不像近代某些黑格尔门徒那样郑重。然而在闵采尔与近代哲学之间却相隔300年之久。

闵采尔的政治理论是同他的革命的宗教观紧密相连的;正如他的神学远远超出了当时流行的看法一样,他的政治理论也远远超出了当时的社会政治条件。正如他的宗教哲学接近无神论一样,他的政治纲领也接近共产主义。甚至在二月革命前夕,许多近代共产主义派别拥有的理论武库还不如 16 世纪"闵采尔派"的理论武库那么丰富。闵采尔的纲领,与其说是当时平民要求的总汇,不如说是对当时平民中刚刚开始发展的无产阶级因素的解放条件的天才预见。这个纲领要求立即在人间建立天国,建立早已预言的千年王国,其途径是恢复教会的本来面目,并废除同这种似乎是原始基督教会而实际上是崭新的教会相冲突的一切机构。闵采尔所理解的天国不是别的,只不过是这样一种社会状态,在那里不再有阶级差别,不再有私有财产,不再有对社会成员而言是独立的和异己的国家政权。闵采尔认为,当时所有的政权,只要是不依附、不参与革命的,都应当推翻,一切劳动和一切财产都应当具有公共的性质,必须实行最完全的平等。为了不仅在整个德国,而且在整个基督教世界实现这一切,必须建立一个同盟;必须邀请诸侯和封建主都来参加;如果他们拒绝,同盟就应当不失时机地用武器去推翻或消灭他们。

闵采尔随即着手组织这个同盟。他的说教具有更加激烈、更加革命的性质;除了攻击僧侣以外,他还以同样慷慨激昂的情绪来猛轰诸侯、贵族、城市贵族。他以火辣的笔调刻画出当时的压迫,并把他想象中的实行社会共和平等的千年王国同当时的压迫加以对比。与此同时,他写的革命小册子一个接一个地发表;他向四面八方派出密使,而他本人则留在阿尔施泰特及其周围地区进行组织同盟的工作。

这种宣传的第一个成果,是捣毁了阿尔施泰特附近梅勒巴赫的圣母教堂,这是按照圣诫行事的:"你们要拆毁他们的祭坛,打碎他们的柱像,用火焚烧他们的偶像,因为你们是圣洁的人民。"

（《申命记》第7章第5节）萨克森诸侯亲自到阿尔施泰特去平息这次骚乱，并且把闵采尔传唤到城堡里去。闵采尔在那里宣读了一篇布道词①，这样的布道词是诸侯们从路德这个"维滕贝格的行尸走肉"（闵采尔对路德的称呼）那里从来没有听见过的。闵采尔主张杀掉那些不敬上帝的统治者，特别是要杀掉那些把福音书当做异端邪说的僧侣和修道士，为此，他援引新约作为根据。他说，不敬上帝的人都不该有生存的权利，除非得到上帝选民的恩赦。如果诸侯不消灭这些不敬上帝的人，那么上帝将从他们手里夺去宝剑，**因为用剑之权属于全体教徒**。诸侯和封建主就是盘剥、偷盗和掠夺的祸首；他们把一切造物——水中的鱼、空中的鸟和地上的植物，统统攫归己有。然后他们却向穷人们宣讲清规戒律：你不应该偷窃。而他们自己却是见东西就拿，对农民和手工业者敲骨吸髓；农民和手工业者只要误取一丝一毫，就得上绞架，这时那位撒谎的博士②就对这一切祈祷一声：阿门。

"穷人仇恨封建主，这是封建主自己造成的。他们不愿意消除骚乱的根源，年深月久，局势怎么会安定呢？啊！亲爱的封建主，要是我主拿着铁杖把这些旧壶破罐横扫一通，那该多好啊！我说了这些话，会有人说我是大逆不道。是就是吧！"（见戚美尔曼《农民战争》第2卷第75页）

闵采尔把这篇布道词付印了；他在阿尔施泰特的承印者受到萨克森约翰公爵的惩罚而被驱逐出境，闵采尔本人的一切著作都必须交付魏玛公爵政府检查。但是他不理会这个命令。他随即把

---

① 托·闵采尔《1524年7月13日在阿尔施泰特宫对诸侯讲道》。——编者注
② "撒谎的博士"是闵采尔对马丁·路德的蔑称。——编者注

一篇万分激昂的著作①拿到帝国直辖市米尔豪森付印,在这篇著作里,他要求人民

"把口子打大些,让全世界的人都清清楚楚地看到,究竟是哪些权贵亵渎神明,把上帝变成画像上的小人物。"

他用下面的话来结束这篇著作:

"整个世界必须经受一次巨大的冲击;这将是一场较量,它将使不敬上帝的人垮台而使卑贱的人翻身。"

在封面上,"带着铁锤的托马斯·闵采尔"写了一段警语:

"请你注意,我已经把话向你讲清楚了,我今天已经把你置于人们和帝国之上,为的是你能去根除、破坏、击溃、颠覆,同时还能去建设、种植。一道抵御君主、诸侯、僧侣而又护卫人民的铁壁已经形成了。他们要战就战吧,胜利是惊人的,不敬上帝的强悍暴君一定灭亡。"②

闵采尔同路德及其党羽之间的裂痕早就存在了。路德曾迫不得已接受某些教会改革,这些改革都是闵采尔撇开路德而自行实施的。路德怀着温和改革派对较坚决的急进派恼怒和猜疑的心情去观察闵采尔的行动。早在 1524 年春季,闵采尔就已经写信给梅兰希顿这个心胸狭窄、思想顽固、蛰居书斋的典型人物,指出他和路德根本不理解这场运动。他们企图以死背圣经字句的方式窒息运动,他们的全部教义都已经陈腐不堪。

---

① 托·闵采尔《根据路加对福音的证明来公开驳斥不忠实世界的错误信仰,使可怜的和不幸的基督教界知道它的迷途》。——编者注
② 威·戚美尔曼《伟大农民战争通史》1842 年斯图加特版第 2 卷第 77—78 页。——编者注

"亲爱的兄弟们,不要再等待和踌躇了,时机已经到了,夏天已经来临。请不要同不敬上帝的人为友,他们在阻挠圣经发挥全部力量。请不要对你们的诸侯阿谀逢迎,否则你们自身将与他们同归于尽。你们这些温文尔雅的人士,幸勿见责,我实在不能不如此。"①

路德不止一次地要求同闵采尔公开辩论;但是,闵采尔虽然时刻准备在人民面前应战,却毫无兴趣在维滕贝格大学有偏见的听众面前参与一场神学的争吵。他不愿意"只向高等学校证实圣灵的力量"②。他表示,如果路德真有诚意,就应当运用他的影响去制止对闵采尔著作承印者的迫害,取消书刊检查令,以便论战可以毫无阻碍地通过出版物充分展开。

在上述闵采尔的革命小册子印行以后,路德就以告发者的姿态公开出来反对闵采尔了。他印发了《为反对叛逆的妖精致萨克森诸侯书》,称闵采尔为撒旦的工具,要求诸侯采取措施,将这些煽动叛乱者驱逐出境,其理由是他们不以宣讲邪恶教义为满足,还号召人们起来暴动,以暴力反抗官厅。

8月1日,闵采尔不得不在魏玛宫廷的诸侯面前就指控他密谋作乱一事进行答辩。人们揭发了一些事实,使他陷入极为窘迫的境地;原来他的秘密同盟已经被发觉,他同矿工和农民的组织联系也被发觉。当场就有人用驱逐出境来威胁他。他刚刚回到阿尔施泰特,就听说萨克森的格奥尔格公爵要求引渡他;原来他亲笔写

① 托·闵采尔《1522年3月27日给菲力浦·梅兰希顿的信》,见威·戚美尔曼《伟大农民战争通史》1842年斯图加特版第2卷第76页。戚美尔曼错把日期写成1524年3月29日。——编者注
② 托·闵采尔《根据路加对福音的证明来公开驳斥不忠实世界的错误信仰,使可怜的和不幸的基督教界知道它的迷途》,见威·戚美尔曼《伟大农民战争通史》1842年斯图加特版第2卷第77页。——编者注

的同盟书信被截走了,他在书信里要求格奥尔格的臣民起来武装反抗福音的敌人。要不是他已经离开了该城,市政会就会把他引渡过去。

在这期间,农民和平民中的鼓动热潮日益高涨,使得闵采尔的宣传工作进行得极为顺利。闵采尔把再洗礼派争取过来,作为宣传工作的极宝贵的代言人。这个教派本来没有确定成文的教义,他们只是通过反对一切统治阶级的共同立场,通过再洗礼的共同象征而结合起来的;他们在生活上力修苦行,在鼓动方面狂热不倦,勇敢无畏;这一派人日益紧密地团结在闵采尔周围。由于遭受种种迫害,他们居无定所,在整个德国到处漂泊,到处宣讲新的教义,因为闵采尔在这种教义中明确地表达了他们自身的需要和愿望。他们当中有无数的人遭受刑讯,被火焚,或死于其他酷刑之下,但是这些密使坚贞不屈;在人民的激情迅速高涨的过程中,他们的活动取得了无法估量的成就。因此闵采尔从图林根逃跑出来的时候,到处都找得到现成的立足之地,他随便走到哪里,都可以得到帮助。

闵采尔首先来到纽伦堡[64]。约在一个月以前,该城附近刚刚有一次农民起义被扼杀在萌芽状态之中。闵采尔就在此地暗中进行鼓动;马上就有一些人出来拥护他那十分大胆的神学主张,都认为圣经没有绝对约束力,圣礼[65]毫无价值可言,并且宣称基督也不过是一个人,而世俗官厅的作威作福乃是对上帝的亵渎。路德大叫:"看吧,撒旦又在这里出没了,那个来自阿尔施泰特的妖精!"[1]

---

① 马丁·路德《1525 年 2 月 4 日给约·布里斯曼的信》,见威·戚美尔曼《伟大农民战争通史》1842 年斯图加特版第 2 卷第 81 页。——编者注

闵采尔把他的答路德书①在纽伦堡付印。他直截了当地指责路德向诸侯献媚,指责他虎头蛇尾,支持反动派。尽管如此,人民仍将获得解放,那时路德博士的处境将如被擒之狐。——这篇文章被市政会下令没收了,闵采尔又被迫离开纽伦堡。

闵采尔于是穿过士瓦本到阿尔萨斯和瑞士,然后再回到黑林山南部。这个地区早在数月以前就已经爆发了起义,他的再洗礼派密使在很大程度上加速了这次起义的进程。闵采尔的宣传旅行,对于人民派的组成,对于这个派的要求获得明确提法,对于起义最后在 1525 年 4 月全面爆发,显然都起了极其重要的作用。闵采尔在这次旅行中在两方面起了特别显著的作用,一方面是对人民,当时人民唯一能领会的语言是宗教预言,闵采尔就用这种语言对他们进行诱导;另一方面是对志同道合的人们,闵采尔能坦率地同他们畅谈自己的最终目的。闵采尔当初在图林根的时候就已经在自己周围聚集了一批最坚决的人,这些人不仅来自民间,而且也有些是低级僧侣,他就用这一批人去领导秘密组织;现在,闵采尔已经成为德国西南部整个革命运动的核心人物,从萨克森和图林根,到法兰克尼亚和士瓦本,直到阿尔萨斯和瑞士边境,他都建立了组织联系,德国南部的鼓动家,如瓦尔茨胡特的胡布迈尔、苏黎世的康拉德·格雷贝尔、格里森的汉斯·雷布曼、梅明根的沙佩勒尔、莱普海姆的雅科布·韦尔和斯图加特的曼特尔博士,都成了他的弟子和同盟的首领,这些人大多是革命的教士。他本人多半逗

---

① 托·闵采尔《为反驳维滕贝格的不信神、生活安逸、以歪曲方式剽窃圣经从而使可怜的基督教惨遭玷污的人而作的立论充分的抗辩和答复》。——编者注

留在沙夫豪森边境的格里森,由此出发巡游黑高和克莱特高等地区。惶惶不安的诸侯和封建主到处对这个新的平民异教进行血腥的迫害,反而使平民派的反抗精神更加昂扬,使他们的团结更加巩固。闵采尔在德国南部进行鼓动近五个月之久,并在密谋接近实现的时刻又回到图林根。他要在这里亲自领导起义,详情后面再谈。

我们在下面将会看到,这两派首脑人物的品性和行为是如何忠实地反映出本派的立场;路德的动摇不定的态度,他在运动发展的严峻时刻所怀的恐惧心理,以及他投效诸侯的卑劣行径,如何同市民阶级优柔寡断、模棱两可的政治态度完全合拍;闵采尔的革命气魄和果断精神如何在最先进的平民和农民集团中得到发扬。他们的不同之处就在于:路德只满足于表达本阶级大多数人的想法和愿望,借以在本阶级内部沽钓极其廉价的声誉;而闵采尔则相反,他远远超出平民和农民的直接想法和要求,并且只从当时的革命队伍中挑选优秀分子组成一派,这一派既要站在他那样的思想高度,又要具有他那样的魄力,这样一来,这一派就始终只占起义群众的极少数。

三

胡斯运动**49**被镇压下去以后约50年,处于萌芽状态的革命精神就在德国农民中间显出了最初的征兆①。

1476年,在维尔茨堡主教管区出现了最初的农民密谋活动,这是一个早已被胡斯战争,"被暴政、苛捐、杂税、争斗、敌视、战争、烧杀和监禁等等"②弄得一贫如洗,而又不断遭到主教、僧侣、贵族无耻搜刮的地区。一个年轻的牧人兼乐师,**尼克拉斯豪森的汉斯·伯海姆**,人称**吹鼓手小汉斯**,忽然以预言者的身份出现于陶伯河谷。他说圣母马利亚曾在他面前显灵;圣母叫他把鼓烧掉,不要再为跳舞和邪恶的狂欢伴奏,而要劝告人民忏悔。所以,每个人都应该洗刷自己的罪过,戒除尘世虚浮的欲念,抛弃一切浮华的饰物,到尼克拉斯豪森去朝拜圣母,以求赦罪。

在这个地方,也就是在运动的第一个先驱者这里,我们可以发现中世纪一切带着宗教色彩的起义以及近代任何无产阶级运动的

---

① 恩格斯在这里加了一个注:"我们在纪年上沿用了威·威美尔曼的材料,这样做是因为我们在国外缺少足够的资料,而威美尔曼的材料也已经能完全满足本书的要求。"——编者注

② 见威·威美尔曼《伟大农民战争通史》1841年斯图加特版第1卷第118页。——编者注

初期都具有的那种禁欲主义。这种严格的禁欲主义的道德规范，这种摒弃一切人生享受和娱乐的要求，一方面是要针对统治阶级而确立斯巴达式的平等原则，另一方面又是一个必经的阶段，不经过这个阶段，社会的最底层是决不能发动起来的。社会的最底层要展示自己的革命毅力，要明确自己同其他一切社会成员处于敌对的地位，要使自己集结成一个阶级，就必须一开始就彻底抛弃自己身上还能同现存社会制度和平相处的一切；就必须放弃那些使深受压抑的生活有时尚堪忍受的一点点乐趣，放弃连最残酷的压迫也不能剥夺的一点点乐趣。这种**平民的和无产阶级的禁欲主义**，无论就它的粗犷狂热形式来看，还是就它的内容来看，都和市民阶级的、路德派的道德以及英国的清教徒[66]（不同于独立派[67]和更激进的各教派）所鼓吹的市民阶级禁欲主义大不相同；市民阶级禁欲主义的全部奥秘不过是**市民阶级的节俭**而已。此外，显而易见，这种平民无产阶级的禁欲主义将随着下述两种情况的出现而失掉其革命性质：一方面，随着现代生产力的发展，消费资料无止境地增加，因而使斯巴达式的平等成为多余；另一方面，随着无产阶级的社会地位日益革命化，无产阶级本身也就日益革命化。这样一来，这种禁欲主义就将逐渐从群众中销声匿迹；就是在那些坚持这种禁欲主义的教派分子那里，它也直接演变为市民阶级的吝啬之风，或者演变为一种矫揉造作的骑士式的道德规范，而实际上也不过是一种小市民的、行会手工业者式的鄙吝习气而已。无产阶级群众既然几乎再也没有什么东西可以割舍，那就无须再对他们进行什么禁欲的说教了。

吹鼓手小汉斯的忏悔说教深得人心；所有的起义预言者都是从这种说教开始活动的。事实上，只有猛烈地振臂高呼，只有突然抛弃习以为常的整个生活方式,才能把没有联系、散居四方、并且从小习惯于盲目服从的农民发动起来。到尼克拉斯豪森去朝圣的活动开始了,而且规模迅速扩大;人民越是大批地涌来,这位年轻的造反者就越是公开地宣布他的计划。他在布道时说,尼克拉斯豪森的圣母向他宣告,从今以后不应该再有皇帝,也不应该再有诸侯、教皇以及其他教会或世俗的权贵;人人都应该是兄弟,人人都应该靠自己双手劳动为生,任何人都不应该比别人占有更多的东西。一切地租、土地税、徭役、关税、赋税以及其他杂捐和贡赋都应该永远废止;各处的森林、河流、牧场都应该自由使用。

人民以喜悦的心情接受了这个新福音。这位预言者即"圣母使者"很快就名扬四方。一批批朝圣者从奥登林山,从美因河、科赫尔河、亚格斯特河一带,甚至从巴伐利亚、士瓦本和莱茵河地区向他涌来。人们辗转传述他所创造的奇迹;人们跪倒在他面前并向他祈祷,就像向圣者祈祷一样;人们争相拔取他的帽子上蓬乱的绒毛,就仿佛得到了圣物和护身符。僧侣出来反对他,把他的目睹神灵的本领说成是鬼怪的妖术,把他的奇迹说成是恶魔的诈骗,但是这一切都是枉然。信仰者急剧增加,革命的教派开始形成,这个造反的牧人的礼拜日布道竟吸引了4万多人齐集尼克拉斯豪森。

吹鼓手小汉斯一连几个月向群众布道。但是,他的目的并不限于布道。他同尼克拉斯豪森的教士秘密交往,还同两个骑士秘密交往。这两个骑士就是孔茨·冯·图恩费尔德和他的儿子,他们都接受新教义,而且预定担任计划中的起义的军事首领。在圣基利安节前的礼拜日,吹鼓手小汉斯终于觉得自己的势力已经足

够强大,于是发出了信号。在布道结束时,他说:

"现在你们回家吧,回去仔细想想至圣至尊的圣母向你们宣告了什么。下礼拜六,请你们把妇女、小孩和老人都留在家里;而你们,男人们,在圣玛加累特节,就是下礼拜六,再到尼克拉斯豪森来。把你们的弟兄和朋友都约请来,越多越好。但你们来时不要拿朝圣手杖,而要全副武装,一手拿朝圣的蜡烛,一手拿剑和矛或戟。到时候,圣母将要向你们宣告她希望你们做什么。"①

可是,在农民大批到来之前,主教②的骑兵已经在夜间把这位反叛的预言者抓去,并把他带到维尔茨堡的城堡里去了。在预定起事的那一天,大约来了34 000名武装农民,但是,他被捕的消息使农民们感到十分沮丧。绝大部分人纷纷散去;较坚定的一部分人集结了将近16 000名群众,在孔茨·冯·图恩费尔德和他的儿子米夏埃尔率领下一同来到城堡前。主教许下各种诺言劝说他们回家;可是,他们刚刚开始散去,就遭到主教骑兵的袭击,很多人被捕,两个人被斩首,吹鼓手小汉斯本人则被烧死。孔茨·冯·图恩费尔德逃脱了,直到他把全部财产交给修道院,才允许他回来。后来到尼克拉斯豪森朝圣的活动还继续了一些时候,但最后还是被镇压下去了。

在这第一次发动起义的尝试之后,德国又沉静了较长一段时间。直到90年代末,新的农民起义和密谋才又开始。

1491—1492年荷兰农民举行起义,在海姆斯凯尔克会战中被萨克森的阿尔布雷希特公爵镇压下去;同一时期,上士瓦本肯普滕

---

① 威·戚美尔曼《伟大农民战争通史》1841年斯图加特版第1卷第121—122页。——编者注
② 鲁道夫第二·冯·谢伦贝格。——编者注

修道院管区的农民也举行过起义;1497年前后夏尔德·埃尔瓦领导了弗里斯兰起义①,结果也遭到了萨克森的阿尔布雷希特的镇压;所有这些起义,我们就不一一论述了。一则因为这些起义离真正的农民战争的战场太远,再则因为它们迄今都是自由农民反对企图把封建制度强加在他们身上的斗争。我们现在就来谈谈为农民战争作了准备的两大密谋组织:**鞋会**和**穷康拉德**。

在尼德兰导致农民起义的那一次物价猛涨,于1493年在阿尔萨斯促使农民和平民建立了一个秘密同盟,参加这一同盟的还有地道的市民反对派中的人物,甚至一部分下层贵族也或多或少地同情这个同盟。同盟的所在地是施勒特施塔特、苏尔茨、丹巴赫、施托茨海姆和舍尔韦勒等地区。这些谋反者要求掠夺和消灭在当时和现在都一贯通过高利贷榨取阿尔萨斯农民脂膏的犹太人,要求举行一次把所有债务都一笔勾销的欢乐年,要求取消关税、杂捐以及其他各种负担,要求撤销教会法庭和罗特韦尔帝国法庭,要求征税批准权,要求把僧侣的薪俸限定在每人50—60古尔登,要求废除秘密忏悔,要求在每个教区都建立独立的、通过自行选举组成的法庭。谋反者的计划是,一旦力量足够强大,就袭击城防坚固的施勒特施塔特,没收修道院金库和城市金库,并从该城发难,在整个阿尔萨斯发动起义。预定在起义时刻打出的同盟旗帜,上面画着一只系着长长的皮带的农民鞋,这就是所谓的**鞋会**[*Bundschuh*],从这时起,到以后20年间,农民在密谋造反时都以此为标志和名称。

谋反者常常在夜间到僻静的洪格贝格山上集会。入会时要举

---

① 弗里斯兰农民起义于1500年爆发。"1497年前后"是恩格斯从威·戚美尔曼的著作中引用来的。——编者注

行极其秘密的仪式,并且规定,如有背叛行为,将受到最严厉的惩罚。尽管如此,在1493年复活节前一周,正当谋反者准备向施勒特施塔特发动攻击的时候,事情还是泄露了。官方马上采取行动;许多谋反者被捕,遭到严刑拷打,有的人被肢解或斩首,有的人被砍掉双手或指头,驱逐出境。一大批人逃往瑞士。

但是,鞋会经受这第一次镇压之后并没有被消灭。相反,这个组织还是秘密地继续存在,而且,许多散居于瑞士和德国南部的流亡者都变成了密使,他们到处都发现同样的压迫激起了同样的起义情绪,因而就乘机扩建鞋会组织,使它遍布于现今的巴登全境。德国南部的农民坚韧不拔、百折不挠,从1493年起,他们就密谋造反,历时30年之久;他们克服了分散居住的农村生活方式对于建立人数众多而集中的联合组织所造成的重重障碍,在无数次遭到镇压和失败以及首领被杀之后,仍然再接再厉,重整旗鼓,直到最后大规模起义的机会来到——这种顽强坚韧的精神,实在令人敬佩。

1502年,包括布鲁赫萨尔区在内的施派尔主教管区已经出现了秘密的农民运动的迹象。鞋会在这里实际上进行了卓有成效的改组。大约有7 000人加入了鞋会组织,总部设在布鲁赫萨尔和魏恩加滕之间的下格龙巴赫,其分支在莱茵河下游遍及美因河一带,溯河而上则直达封疆伯爵领地巴登。他们的条款规定:不再向诸侯、贵族和僧侣缴纳任何息金、什一税、赋税或关税;废除农奴制度;**没收**寺院以及其他**教会财产分给人民,除皇帝以外不承认其他任何统治者**。

我们在这里看到,农民第一次提出了将教会财产收归俗用以造福人民和建立统一而不可分的德意志君主国这两项要求。从这时起,这两项要求经常由比较先进的农民和平民集团提出,直到托马斯·闵采尔把**分配**教会财产的要求转变成**没收**教会财产以利于实行**财产公有制**的要求,并把建立统一的德意志**帝国**的要求转变成建立统一而不可分的**共和国**的要求为止。

再度兴起的鞋会同原先的鞋会一样,也有秘密的集会地点,有保密的誓约,有入会的仪式,有鞋会的旗帜,上面写着"上帝的公道高于一切!"它的行动计划同阿尔萨斯鞋会的计划相似。计划规定,要用突然袭击的方式夺取大多数居民都已经加入鞋会的布鲁赫萨尔,要在那里组成一支鞋会军队,并且把这支军队派去作为周围各诸侯领地的一个流动性的集合中心。

有一个谋反者在忏悔时把上述计划告诉了教士,于是,这个教士把计划披露了。各地政府立即采取对策。阿尔萨斯的各帝国等级和士瓦本联盟**68**对此都深感震惊,由此可以看出鞋会组织分布之广。当局调集军队,大肆逮捕。马克西米利安皇帝,这"最后一个骑士",颁布了极其残忍的惩治法令来对付农民的闻所未闻的行动。农民在各处集合,进行武装反抗;可是分散的农民队伍毕竟不能持久。谋反者有的被处死刑,有的逃跑了;但是因为严守秘密,所以大部分谋反者,甚至包括首领在内,都还能留在本地或者邻近的封建主的领地,完全没有受到惊扰。

在再次遭到失败之后,阶级斗争似乎在较长的一段时间内趋于平息。而实际上,斗争仍在悄悄地继续进行。早在16世纪最初几年,穷康拉德就已经在士瓦本建立了组织,它显然同被驱散的鞋会会员有联系;在黑林山地区,鞋会以单个小组的形式继续存在,直到十年以后,出现一个活动能力很强的农民领袖,才把分散的线索重新联结起来,组成一个巨大的密谋团体。在1513—1515这几年动荡不宁的时期,这两个密谋组织相继开始进行公开活动。也正是在这一时期,瑞士农民、匈牙利农民和斯洛文尼亚农民同时掀起了一系列大规模的暴动。

莱茵河上游的鞋会的重建者是下格龙巴赫的**约斯·弗里茨**,他在1502年密谋失败后逃亡,当过兵,是一个在各方面都超群出众的人物。他逃亡以后,在博登湖和黑林山之间的许多地方逗留过,最后在布赖斯高的弗赖堡城附近的莱恩定居下来,甚至在那里当了土地看守人。关于他如何以那里为据点对组织进行改造,如何巧妙地把各式各样人物吸收进组织,在法庭侦查案卷中都有极其有趣的翔实记载。这位典型的密谋家具有外交才能和百折不挠的毅力,他能够把各个阶级中形形色色的人物大批地吸收到鞋会中来,其中有骑士、僧侣、市民、平民和农民;他很可能还组织了各种层次不同的密谋活动。一切可以利用的人,他都极其审慎而又练达地加以利用。除了让立场坚定的密使化装成五花八门的人奔走于全国各地之外,他还让一些流浪汉和乞丐去完成不太重要的任务。约斯同乞丐头子们直接往来,并通过他们把人数众多的流浪汉统统掌管起来。这些乞丐头子在他的密谋活动中起了重大的作用。他们都是一些非常奇特的人物:有一个乞丐头子带着一个女孩到处漂泊,诡称女孩的脚受了伤,从而沿街乞讨;他的帽子上有八个以上徽章,其中有"十四救难神"、圣奥迪莉娅、圣母等等,他留着长长的红胡子,拿着一根带匕首和钉子的多节手杖。另一个乞丐头子用圣瓦伦廷的名义要求施舍,拿着香料和苦艾向行人兜售,穿一件铁褐色长外衣,戴一顶红色四角帽,帽上有一个特里安的小娃娃,身边佩着一把长剑,腰带上挂着许多小刀和一把匕首。其他一些乞丐头子则故意露出伤疤,也都穿着类似的古怪服装。在这些乞丐头子中,至少有十个人为了获取 2 000 古尔登的报酬,奉命将在阿尔萨斯、封疆伯爵领地巴登和布赖斯高这三个地方同时放火,并在察伯恩区的教堂建堂节那一天至少带着他们手下的 2 000 人到罗森城去,在曾任雇佣兵上尉的格奥尔格·施奈德的指挥下攻取此城。在真正的鞋会会员中间,建立了一处又一处联络站,约斯·弗里茨同他的主要密使——弗赖堡人施托费尔经常骑着马在各处巡回,并在夜间检阅新招来的兵员。关于鞋会在莱茵河上游和黑林山地区的分布情况,法庭侦查案卷中有充分材料可资证明;这些材料中还有这个地区各地的大批会员的名单,并附有各人的形貌特征。其中最多的是手工业帮工,其次是农民和小店主,还有一些贵族、僧侣(包括莱恩本地的僧侣),以及失业的雇佣兵。我们从这些成员中可以看出,鞋会在约斯·弗里茨领导下已比过去有了很大的发展;城市平民分子已经开始发挥越来越大的作用。密谋组织的分支遍及阿尔萨斯全境,遍及现今的巴登,一直到符腾堡和美因河畔。在偏僻的山上有时举行较大的集会,例如在克尼比斯等等山上都开过会,讨论鞋会的事务。首领们集会时往往约请当地的会员以及较远地区的代表参加,这些集会都是在莱恩附近的哈特马特山上举行的,也正是在这里,通过了鞋会的十四条款:除皇帝和教皇(关于后者是根据几个人的意见)以外不承认其他任何统治者;撤销罗特韦尔帝国法庭,教会法庭只能裁决宗教事务;凡所付息金已同本金数目相等,则不应再付息;利率不得高于 5%;自由渔猎,自由放牧,自由伐木;僧侣每人以领一份薪俸为限;没收教会财产和寺院珍宝以充鞋会军费;废除一切不公平的赋税和关税;在整个基督教世界实现持久和平;采取有力措施对付鞋会的一切反对者;征收会税;夺取牢固设防的城市弗赖堡作为鞋会的中心;一俟鞋会队伍集结起来,就开始同皇帝谈判,如果皇帝拒绝,就同瑞士谈判——以上就是一致通过的各项条款。我们从中可以看出,一方面,农民和平民的要求已经越来越明确和坚决,而另一方面,他们又不得不对温和怯懦分子作出相应的让步。

原定在 1513 年夏末秋初举事。只是鞋会会旗还没有置办,约斯·弗里茨就到海尔布隆去让人绘制会旗。会旗上除了各种徽记图案之外,还画着一只农民的鞋,写着一行字:愿上帝保佑神圣的正义事业。但是,当约斯·弗里茨离开驻地的时候,其他人过早地企图袭击弗赖堡,而且事前走漏了风声,加上宣传工作中的一些疏忽,致使弗赖堡市政会和巴登的封疆伯爵①发现了线索,最后,由于两个谋反者的叛变,全部密谋计划终于暴露无遗。封疆伯爵、弗赖堡市政会和恩西斯海姆的帝国政府立即出动密探和士兵;许多鞋会会员被逮捕,受刑讯,被处死;可是这一次大多数人,特别是约斯·弗里茨都逃脱了。瑞士各州政府这一回十分凶狠地迫害逃亡者,甚至还处决了许多人。但是,瑞士各州政府同它们的邻邦一样,也无法阻止绝大多数逃亡者继续藏匿在原居留地附近,那些逃亡者后来甚至又渐渐地回来了。最疯狂的是恩西斯海姆的阿尔萨斯政府[29],它竟下令将很多人处以斩首、车裂、四马分尸等极刑。约斯·弗里茨本人多半藏身于瑞士境内的莱茵河畔,但他常常到黑林山这一边来,而从来没有被抓住过。

瑞士人这一次之所以要同邻邦政府联合起来对付鞋会会员,其原因从第二年即 1514 年在伯尔尼、索洛图恩和卢塞恩爆发的农

① 克里斯托夫第一。——编者注

民起义①就可以看出。那一次起义彻底扫除了贵族政府和城市贵族。除此以外,农民们还争得了一些特别的权利。瑞士的这些地方性起义之所以取得成功,原因很简单,就是瑞士的中央集权还远不如德国。农民在1525年也到处战胜了地方的统治者,但却被诸侯的有组织的大军击败了,而这种大军在瑞士是不存在的。

在符腾堡形成的第二个密谋组织与巴登的鞋会同时存在,而且显然与该鞋会有直接的联系。据文献记载,这个组织从1503年起就已经存在,因为自从下格龙巴赫人遭到镇压以后,使用鞋会这一名称过于危险,所以这个组织就取名为**穷康拉德**。它的根据地是霍亨施陶芬山麓的雷姆斯河谷,它的存在至少在人民中间早已不是什么秘密了。乌尔里希政府的无耻压迫以及有力地促使1513年和1514年运动爆发的连年饥馑,都使加入该密谋组织的人数不断增加;新征收的酒税、肉税、面包税以及每一古尔登每年要交一分尼的资本税,导致了运动的爆发。绍恩多夫城的刀匠卡斯帕尔·普雷吉策尔的家是密谋首领的集会地点,他们计划先夺取该城。1514年春,起义爆发了。3 000名农民(一说是5 000名农民)开到城下,但又被公爵的官吏用种种动听的诺言劝退了。乌尔里希公爵在答应废除新税之后就带着80名骑兵匆匆赶来,这时他发现,由于他已经许下诺言,一切都已经归于平静。他许诺召集邦议会来审议一切申诉。但是,密谋组织的首领们深知乌尔里希只不过是在向人民玩弄缓兵之计,一旦招募到足够的军队并把它们调集在一起,他就要毁约并强行征税。因此,他们就从卡斯帕尔·普雷吉策尔的家,也就是从"穷康拉德总部"发出邀请,要求

---

① 这次起义最初于1513年爆发。——编者注

各处派人前来参加同盟代表大会,并且向四面八方派出密使促进这一工作。雷姆斯河谷第一次起义所取得的成就提高了运动在各地人民中间的威信;文告和密使到处受到欢迎,所以,符腾堡各地区派了很多代表参加了 5 月 28 日在下蒂克海姆举行的代表大会。大会决定,尽快继续进行鼓动,一有机会就在雷姆斯河谷发难,并从那里使起义向四面八方扩展。当代廷根的一个退伍士兵班特尔汉斯和维尔廷根的一个受人尊敬的农民辛格尔汉斯动员施瓦本山的居民加入组织的时候,起义已经在各地爆发了。虽然辛格尔汉斯遭到袭击并被俘虏,可是巴克南、温嫩登、马克格勒宁根等城市却都落入同平民结盟的农民手中,从魏恩斯贝格到布劳博伊伦,从布劳博伊伦到巴登边境,整个地区都掀起了公开的暴动;乌尔里希不得不让步。但是,他一面宣布 6 月 25 日召开邦议会,一面却写信向周围地区的诸侯和自由市求援以平息起义,信中说起义危及帝国境内所有诸侯、官府和名门望族,还说起义"有俨如鞋会的举动"。

在这期间,邦议会,即各城市的代表和许多要求在邦议会上享有席位的农民的代表已于 6 月 18 日在斯图加特开会。高级教士还没有到会,骑士根本没有被邀请。斯图加特的城市反对派以及近在咫尺、声势逼人的莱昂贝格和雷姆斯河谷两支农军都支持农民的要求。农民的代表被邀参加了议会,会上通过下列决议:把公爵手下三个可恨的顾问朗帕尔特、图姆布和洛歇尔撤职查办;由四个骑士、四个市民和四个农民组成一个参事会辅助公爵;发给公爵固定的年俸;没收修道院和寺院的财产以充国库。

乌尔里希公爵用政变的手段对抗这些革命的决议。6 月 21 日,他率领他的骑士和顾问驰赴蒂宾根,高级教士也跟着他赶到那里。他命令市民们也到那里去,市民们也就照办了。于是,他就在那里继续召开没有农民参加的邦议会。在那里,市民们慑于军队的威胁出卖了自己的同盟者——农民。7月8日,达成了蒂宾根协议,规定公爵所负的将近100万的债务均由本邦居民偿还,而公爵本人则应受若干限制,可是他从未遵守这些限制;协议用一些空洞的词句搪塞农民,并且还用严禁暴动和结社的惩治法令对付他们。至于农民在邦议会中的代表权,当然就只字不提了。农民们声讨这种叛卖行径;但是,自从各等级为公爵承担了债务以后,公爵又借到了钱,所以他立即招募军队,而他的邻邦,特别是普法尔茨选帝侯①,也派来了援军。这样一来,到7月底,蒂宾根协议就被整个邦所接受,人们又重新宣誓,表示效忠于官方。只有穷康拉德在雷姆斯河谷进行抵抗;公爵亲自驰赴该地,几乎被杀。农民在卡珀尔山扎下了营寨。可是事情拖延下去,大多数起义者因缺乏口粮而自行散去,剩下的人也因同几个邦议会议员达成一项模棱两可的协议而各自回家了。这时,各城市都因为自己的要求已经达到,就掉过头来疯狂地反对农民,它们自愿派队伍去增援乌尔里希的军队,于是乌尔里希就毁约袭击雷姆斯河谷,把那里的城市和村庄洗劫一空。1 600个农民被捕,其中有16人立即被斩首,其余的大多数人被判处苛重的罚款,归入乌尔里希的金库。很多人长期被禁锢狱中。当局颁布了严厉的惩治法令,禁止农民重建组织,禁止农民举行任何集会。士瓦本贵族组织了一个专门的联盟以镇压一切起义的尝试。穷康拉德的主要首领们在这期间幸而都逃往瑞士,并且大多数都在几年后又从瑞士陆续回家。

---

① 路德维希五世。——编者注

与符腾堡运动同时,在布赖斯高和封疆伯爵领地巴登也出现了新的鞋会反抗运动的征兆。6月间,在比尔附近曾有过起义的尝试,但立即被封疆伯爵菲力浦击溃,其首领巴斯蒂安·古格尔在弗赖堡被捕并被斩首。

就在同一年,即1514年,也是在春天,**匈牙利**爆发了一场全面的农民战争。当时人们正在进行有关十字军征讨土耳其人的宣传。人们同往常一样许诺说,农奴和依附农只要参加十字军就可以获得自由。将近6万人参加了军队,由盖尔盖伊·多扎任指挥;他是塞克勒人[69],曾在以往历次对土耳其的战争中崭露头角,并因此取得贵族封号。但是,匈牙利骑士和贵族不愿意进行这次十字军征讨,因为这次征讨势必要使他们失去财产和农奴。他们追赶各支农民队伍,采用武力和残暴的手段夺回他们的农奴。当这件事在十字军中传开时,被压迫的农民怒不可遏。劳伦蒂乌斯和瓦尔纳瓦这两个最热忱的十字军传教士发表了革命讲演,使十字军对贵族的仇恨变得更加强烈。多扎本人同他的部队一样痛恨反叛的贵族;十字军变成了革命军,多扎亲自领导这个新的运动。

多扎同他的农民队伍一起驻扎在佩斯城附近的拉科什原野。他们在附近村落以及佩斯城郊同贵族方面的人员发生冲突,于是就开始了敌对行动;不久就发生了小规模战斗,最后,农民对落入他们手中的所有贵族都采取了西西里晚祷[70]那样的行动,并把附近的所有城堡统统烧光。宫廷出面恫吓,但无济于事。在首都城下对贵族进行第一次人民审判时,多扎就进一步采取行动。他把他的军队分为五路。两路被派往匈牙利北部山区,以便在那里掀起全面暴动并剿灭贵族。第三路由佩斯城的一个市民安布罗什·萨莱雷什指挥,留守拉科什监视首都。第四路和第五路在多扎和他的兄弟格雷戈尔率领下向塞格丁进发。

在这期间,贵族汇集于佩斯城,并向特兰西瓦尼亚总督约翰·扎波略求援。在萨莱雷什带着农民军中的市民阶级分子投敌以后,贵族便同布达佩斯的市民们一起击溃并消灭了驻扎在拉科什的军团。大批俘虏都被残酷地处决,剩下的俘虏则被割去耳鼻遣散回家。

多扎在塞格丁城下战败,转而向乔纳德进发;他在击溃了伊什特万·巴托里和查基主教统率的贵族军队后占领了乔纳德,并对包括主教和王室司库泰列基在内的俘虏进行了流血的镇压,以清算他们在拉科什犯下的严重罪行。多扎在乔纳德宣告成立共和国,宣告废除贵族,宣告人人平等和由人民行使主权,然后向巴托里据守的泰梅什堡进发。但是,在他围困这个要塞达两月之久,并得到由安塔尔·霍苏率领的一支新军的增援时,匈牙利北部的两支军队却经过多次战斗被贵族击败,而约翰·扎波略则率领特兰西瓦尼亚军队向多扎进击。农民遭到扎波略的袭击而溃散了,多扎本人被俘,并被放在烧红的铁椅上炙烤,在他一息尚存时,敌人强迫他的部下来吃他的肉,并规定只有吃了他的肉的人才能免受极刑。溃散了的农民由劳伦蒂乌斯和霍苏重新集结起来。但后来又一次被击破,所有落入敌人手中的人都被刺死或被绞死。几千具农民尸体高高挂在路旁,或者挂在已成一片焦土的村庄入口处。据说,战死或被杀的农民竟达6万人。贵族们费尽了心机,要在下次邦议会上把奴役农民再度定为国家的法律。

这一时期在"温迪施边区"(即克恩滕、克赖因和施泰尔马克)爆发的农民起义,是由一个类似鞋会的密谋团体组织的。这个地区受到贵族和帝国官吏敲骨吸髓的盘剥,惨遭土耳其入侵者的蹂躏,饱受饥馑之苦;早在1503年,这里就成立了上述密谋团体,并且举行了一次起义。这个地区的斯洛文尼亚农民和德国农民在1513年又举起了stara prawa(旧权利)的战旗。然而这一年,他们再度接受了和平解决的方案;1514年,当他们以更大的声势集结起来的时候,由于马克西米利安皇帝声明同意恢复旧权利,他们又接受劝告解散了。鉴于上述情况,一再受骗的人民就在1515年春天掀起了一场来势更猛的复仇战争。同匈牙利的情况一样,各处的城堡和修道院都被捣毁,农民陪审法官将被俘的贵族判刑和斩首。在施泰尔马克和克恩滕,帝国步兵统领迪特里希施坦很快就把起义扑灭了。在克赖因,敌人偷袭了赖恩城(1516年秋),接着又采用了与匈牙利贵族的无耻行径如出一辙的无数奥地利式的残暴手段,才把起义镇压下去。

在遭受一连串如此惨重的失败之后,在经受贵族大规模的残酷镇压之后,德国农民在较长的一段时期内悄无声息了,这是可以理解的。然而,密谋活动和局部起义并没有完全绝迹。1516年,鞋会和穷康拉德的大多数逃亡者都已经重返士瓦本和莱茵河上游地区;1517年,鞋会在黑林山又完全恢复活动。约斯·弗里茨本人一直把1513年的鞋会旧旗藏在怀里,随身携带,此刻他又奔走于黑林山各地,积极活动。密谋活动又重新组织起来了。同四年前一样,人们又预定在克尼比斯山上集会。但是由于人们没有严守机密,政府了解了有关情况,于是便采取措施进行干预。很多人被捕被杀;最积极最能干的会员,包括约斯·弗里茨在内,都不得不逃走。这一次,约斯·弗里茨还是没有被抓住,但是,大概不久以后他就死在瑞士,因为从那以后就再也听不到他的消息了。

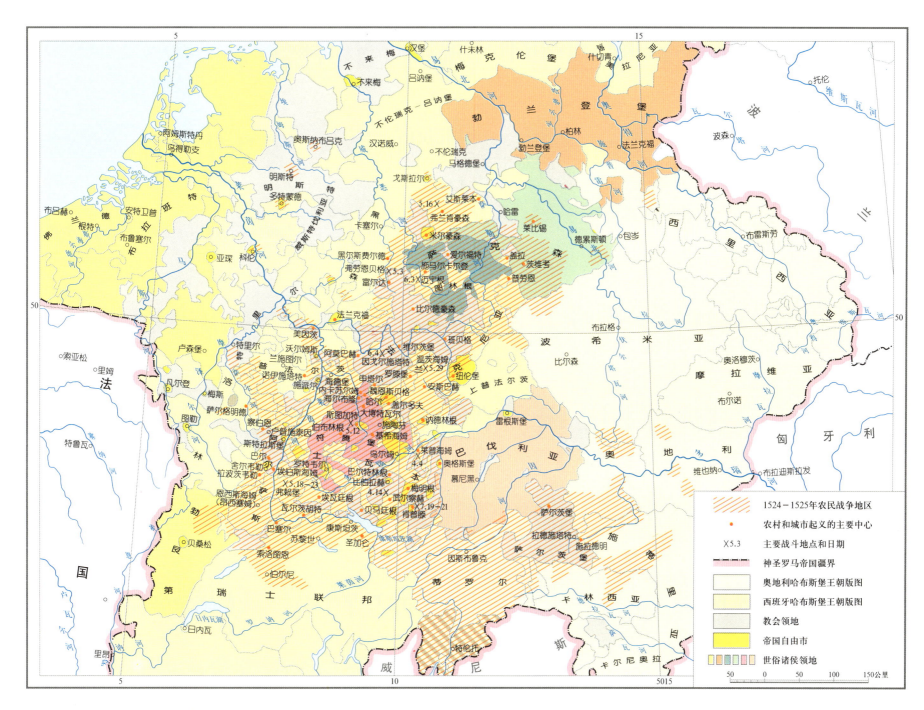

德国农民战争示意图

四

　　正当鞋会的第四次密谋活动在黑林山遭到镇压的时候,路德在维滕贝格发出了行将席卷各个等级并震撼整个帝国的运动的信号。这个图林根的奥古斯丁派提出的论纲就像闪电击中火药桶一样,引起了大火。[71]骑士和市民,农民和平民,觊觎大权的诸侯和低级僧侣,隐蔽的神秘派和博学多才的、专写讽刺诙谐作品的反对派作家,他们追求的目标千差万别而又纷纭错杂,但路德的论纲一时却成了他们的普遍的、共同的语言,这种共同语言以出人意料的速度使他们团结起来。这个由一切反对派分子仓促形成的联盟虽然没有维持多久,但它却使运动的惊人力量突然地显示出来,而且更迅猛地把运动推向前进。

　　然而,正是由于运动发展得这样迅猛,运动中潜在的分裂萌芽也就势必很快地发展起来,至少在被鼓动起来的群众中,那些由于自身的整个生活地位而相互直接对立的部分,势必又相互分裂开来,重新回到平常那种彼此敌对的状态。早在宗教改革的最初几年,围绕着两个引力中心的形形色色反对派群众就已经向两极分化了;贵族和市民无条件地团结在路德周围;农民和平民并没有看出路德是自己直接的敌人,但也同从前一样形成一个单独的革命反对派。不过这时的运动已经比路德出场以前要普遍得多,深入得多,因而必然引起两个派别之间的尖锐对立和直接冲突。这种直接对立很快就表面化了。路德和闵采尔在出版物中和讲坛上展开了斗争;而诸侯、骑士和城市的军队(绝大部分是由路德派或至少是倾向于路德派的分子组成的)则击溃了农民和平民的队伍。

早在农民战争以前,贵族就企图反对诸侯和僧侣以实现自己的要求,这样的企图已经表明,参加宗教改革的各种成分之间的利害和要求究竟有多大分歧。

我们在前面已经看到,德国贵族在 16 世纪初期处于什么地位。他们正沦为日益强大的世俗诸侯和僧侣诸侯的附庸。同时他们也看到,随着他们的没落,帝国政权也在没落,整个帝国正在解体,分成许多独立自主的诸侯领地。对他们来说,他们的没落必然要同德意志民族的没落同步发生。这里还要指出,贵族,尤其是帝国直属贵族,由于他们担任的军职以及他们相对于诸侯所处的地位,他们是最能代表帝国和帝国政权的等级。当时贵族是最有民族意识的等级;帝国政权越强大,诸侯越弱越少,德国越统一,他们也就越强大。因此,骑士等级普遍地对德国可怜的政治地位感到不满;对帝国在对外关系上的软弱无力感到不满,而这种软弱无力的程度还随着皇室通过继承权把新的省份接二连三地收归帝国版图而日益加深;骑士等级对外国列强在德国内部策划阴谋感到不满;对德国诸侯勾结外国反对帝国政权也感到不满。所以,贵族的各种要求都必然首先归结为改革帝国这一要求,而改革帝国就要使诸侯和高级僧侣成为牺牲品。进行这种归纳总结工作的人就是德国贵族在理论方面的代表人物**乌尔里希·冯·胡登**,同他一起进行这项工作的还有贵族在军事方面和政治方面的代表人物**弗兰**

茨·冯·济金根。

胡登以贵族的名义很明确、很激进地提出了改革帝国的要求。这种要求无非就是要废黜一切诸侯,把僧侣诸侯的领地和教会财产全部收归俗用,建立以君主为首的**贵族民主制**,大致就像从前的波兰共和国在鼎盛时代所建立的那种贵族民主制。胡登和济金根相信,只要建立起贵族的即主要是军人阶级的统治,只要废黜那些分裂国家的罪魁即诸侯,只要取消僧侣的权力,使德国摆脱罗马教权的统治,就可以使帝国重新走向统一、自由和富强。

建立在农奴制基础上的贵族民主制,例如波兰的贵族民主制,又例如被日耳曼人占领的各帝国在最初几个世纪里实行的形式略有不同的贵族民主制,都是属于最原始的社会形式中的一种形式,后来都自然而然地发展成为完备的封建等级制度,而封建等级制度显然已经是更高的阶段了。所以,要建立纯粹的贵族民主制,在16世纪的德国是不可能的。贵族民主制已经不可能建立,因为当时在德国已经有了一些很有影响的、强大的城市。另一方面,也不可能建立像英国那种使封建等级君主制转变成资产阶级立宪君主制的下层贵族同城市的联盟。在德国,旧贵族都保存下来了;而在英国,旧贵族却被蔷薇战争[72]消灭得只剩下28家,并且为资产阶级出身和带有资产阶级倾向的新贵族所代替。在德国,农奴制依然存在,贵族的收入来源是**封建性的**;在英国,农奴制几乎完全被废除了,贵族就是单纯的资产阶级地主,其收入来源是**资产阶级性的**:地租。最后,专制君主制的中央集权制,在法国从路易十一以来就由于贵族同市民阶级之间的对立而产生并且日臻完备,但这种中央集权制在德国则行不通,因为在德国,实施全国性中央集权制的条件尚未具备,或者极不完备。

在这种情况下,胡登越是致力于实际推行他的理想,就越需要作出更多的让步,他的帝国改革计划的轮廓也就必然越模糊。贵族同诸侯较量,日益显得无力,可见贵族光靠自己是没有足够力量完成改革大业的。贵族需要有同盟者,而唯一可能的同盟者只有城市、农民以及颇有影响的宗教改革运动理论家。但是,城市对贵族早就领教够了,不会再去信任他们,不肯再去同他们结成任何联盟。农民身受贵族敲骨吸髓的剥削和虐待,理所当然地把他们看成是自己的死敌。而那些理论家不是站在市民、诸侯一边,就是站在农民一边。既然帝国改革所追求的主要目标始终是提高贵族的地位,那么,贵族又怎能保证市民和农民从这场改革中得到什么好处呢?在这种情况下,胡登也没有别的办法,只好在他的宣传文件中很少提到或绝口不提贵族、城市和农民将来的相互关系,他把一切罪恶都归之于诸侯和僧侣以及对罗马的依赖关系,并且向市民指出:为了自身的利益,市民们在即将来临的诸侯同贵族的斗争中至少也应保持中立。胡登只字不提废除农奴制以及取消农民向贵族缴纳捐税的问题。

当时德国贵族对农民的态度,同波兰贵族在1830—1846年暴动中对本国农民的态度完全一样。同现代波兰起义中出现的情况一样,当时在德国只有一切反对党派结成联盟,尤其是贵族同农民结成联盟,才能使运动获得成功。但是,由于以下两种情况,这种联盟恰恰是**不可能的**。贵族既没有落到不得不放弃自己的政治特权,放弃对农民行使封建特权的地步,革命农民也不会根据笼统而又渺茫的希望就同贵族结盟,也就是同压迫他们最厉害的那个等级结成联盟。同1830年波兰的情况一样,1522年的德国贵族已经争取不到农民了。除非完全废除农奴制和依附农制,取消一切贵族特权,农民才可能同贵族联合。但是,贵族同一切特权等级一样,根本不愿意自动放弃特权,放弃自己的整个特殊地位以及绝大部分收入来源。

因此,当斗争爆发的时候,贵族到头来是独力对付诸侯的。诸侯在过去 200 年间就不断地夺取贵族的地盘,这一次也轻而易举地制服了贵族。这一切都是意料之中的事情。

斗争过程本身是大家知道的。胡登和早被公认为德国中部贵族政治军事首领的济金根于 1522 年在兰道组成了一个以六年为期的莱茵、士瓦本和法兰克尼亚的贵族同盟,声称目的是为了自卫。济金根一方面靠自己筹款,一方面靠同附近的骑士实行联合,组成了一支军队。他在法兰克尼亚、莱茵河下游、尼德兰和威斯特伐利亚组织了募兵和增援的工作,并于 1522 年 9 月向特里尔选帝侯大主教①宣战,开始采取敌对行动。但当济金根进驻特里尔城郊的时候,他的援军由于诸侯迅速出兵干涉而被截断了;黑森邦伯②和普法尔茨选帝侯③都驰援特里尔,济金根不得不退守兰施图尔城堡。胡登及其战友虽然竭力求援,可是,与之结盟的贵族被诸侯集中而迅速的行动吓倒,竟置济金根于不顾。济金根本人身负重伤,放弃兰施图尔,随即死去。胡登不得不逃往瑞士,几个月后就死在苏黎世湖中的乌弗瑙岛上。

随着这次斗争的失败和两位领袖的去世,贵族势力作为一个不依附于诸侯的独立集团就被粉碎了。从此以后,贵族只得为诸

---

① 理查(格赖芬克劳的)。——编者注
② 菲力浦一世。——编者注
③ 路德维希五世。——编者注

侯效劳并听从诸侯指挥。此后不久爆发的农民战争迫使贵族更进一步置身于诸侯直接或间接的庇护之下,同时也证明了德国贵族宁肯在诸侯统治之下继续剥削农民,也不愿意同**解放了的**农民结成公开的同盟去打倒诸侯和僧侣。

五

  路德对天主教教阶制度宣战,把德国一切反对派分子都发动了起来,从此以后,农民没有一年不起来重提自己的要求。从1518 年到 1523 年,在黑林山和上士瓦本,地方性的农民起义接连不断。从 1524 年春天以后,这些起义就都带有系统性了。同年 4 月,马希塔尔修道院管区的农民拒绝服徭役和纳贡赋;5 月,圣布拉辛的农民拒绝履行农奴义务;6 月,梅明根附近的施泰因海姆的农民宣布拒缴什一税以及其他杂费;7 月和 8 月,图尔高的农民举行起义,但是,一则由于苏黎世人的调停,再则由于瑞士联邦实行残酷镇压,处死了很多人,起义又被平息下去。最后,在邦伯领地施蒂林根爆发了一次更为坚决的起义,这次起义可以看成是**农民战争的序幕**。

  施蒂林根的农民突然拒绝向邦伯①交纳贡赋,他们结成强大的队伍,并在**布尔根巴赫的汉斯·弥勒**率领下,于 1524 年 8 月 24 日向瓦尔茨胡特进发。在这里,他们同市民联合创立了一个新教兄弟会。市民之所以很愿意促成这种联合,是因为他们当时正在反对奥地利边区政府[29]对他们的传教士巴尔塔扎尔·**胡布迈尔**进

---

① 鲁·冯·苏尔茨。——编者注

行宗教迫害,此人是托马斯·闵采尔的朋友和弟子。兄弟会规定,每星期要交三个克劳泽的会费(就当时币值来说,这是一个很大的数目),还派遣密使到阿尔萨斯、摩泽尔、整个上莱茵以及法兰克尼亚等处吸收农民入会,宣告兄弟会的目标是要废除封建统治,摧毁所有城堡和寺院,消灭除皇帝一人以外的一切统治者。会旗就是**德意志三色旗**[73]。

起义迅速蔓延到现在的上巴登全境。上士瓦本的贵族惊恐万状,当时他们的军队几乎全都在意大利同法国弗朗索瓦一世作战。他们无计可施,只好通过谈判拖延时日,以便筹款招兵,待到力量足够强大,便以"烧杀掳掠"去惩罚无法无天的农民。从此以后,开始出现了种种周密策划的叛变倒戈、背信食言和阴谋活动。贵族和诸侯在整个农民战争期间都以玩弄这一套手法而臭名昭著,而这一套手法也正是他们对付分散而难于组织起来的农民的最有力的武器。德国西南部的诸侯、贵族和帝国直辖市结成的士瓦本联盟[68]出面斡旋,但是并没有向农民保证要作出任何实际的让步。农民仍然继续行动。从 9 月 30 日到 10 月中,布尔根巴赫的汉斯·弥勒穿过黑林山到达乌拉赫和富特旺根,把他的队伍扩充到 3 500 人,并率领这支队伍在埃瓦廷根(离施蒂林根不远)布防。贵族可以调动的力量不超过 1 700 人,而且这些人都相当分散。贵族被迫进行停战谈判,后来确实也在埃瓦廷根营地达成了协议。贵族答应同农民订立友好的条约,或者由双方直接订立,或者通过仲裁法庭来订立;贵族还答应由施托卡赫地方法院来审理农民提出的申诉。贵族军队和农民都一概解散。

经农民一致同意,拟定了十六条款,要求施托卡赫法院批准。条款都很温和。农民要求废除狩猎权和徭役制,要求取消苛重的赋税和全部领主特权,要求保证不受任意逮捕,要求保证不受法庭任意作出的不公正判决的侵害——此外别无他求。

可是,农民一回到家里,贵族又马上要求他们继续缴纳全部尚有争议的贡赋,直到法院作出裁决为止。农民当然拒绝这一要求,他们让贵族老爷到法庭去解决这个问题。斗争又再次爆发。农民又聚集起来,诸侯和贵族老爷也集中了他们的军队。这次运动又扩大了,超出了布赖斯高,深入到符腾堡地区。**瓦尔德堡的格奥尔格·特鲁赫泽斯**在农民战争中扮演了阿尔瓦的角色,他率领军队监视农民,袭击各路援军,但不敢进攻主力。格奥尔格·特鲁赫泽斯同农民首领进行谈判,有时也达成了一些协议。

12月底,施托卡赫地方法院开始审理案件。农民对法院全由贵族组成提出抗议,而贵族却宣读了一篇皇帝的诏书,**74**作为对农民的答复。审理旷日持久,而贵族、诸侯和士瓦本联盟当局都在这期间备战。这时,斐迪南大公除了统治当时还是奥地利的世袭领地以外,还统治着符腾堡、巴登的黑林山和阿尔萨斯南部,他下令用最残酷的手段对付造反的农民。他下令拘捕农民,严刑拷打,杀而勿赦,随心所欲地消灭他们,烧毁他们的家产,把他们的妻子儿女逐出家园。由此可见,诸侯和老爷究竟是怎样实行停战的,他们所说的善意调停和审理农民申诉究竟意味着什么。斐迪南大公向奥格斯堡的韦尔泽家族借来一笔钱,迫不及待地扩充军队;士瓦本联盟还规定要分三期募齐款项和招满兵员。

以上这些起义恰恰是托马斯·闵采尔在南部高地**75**逗留的五个月中发生的。虽然没有直接的证据可以证明他对运动的爆发和进展曾经产生过影响,但是,这种影响已经间接地完全得到了证实。农民中较坚决的革命者大都是他的弟子,他们都拥护他的思想。当时的人都认定十二条款和南部高地农民的书简出自闵采尔之手,其实,至少十二条款肯定不是闵采尔拟定的。闵采尔在回图林根的途中还给造反的农民发出一个坚决革命的文告[76]。

与此同时,从1519年起就被逐出符腾堡的乌尔里希公爵也想借农民之力实现他收复本邦失地的阴谋。他从被逐以来就力图利用革命派并且不断支持革命派,这的确是事实。在1520—1524年间,黑林山和符腾堡地区发生的大多数地方性骚乱都同他的名字有所牵连,而这时他却准备从他的霍恩特维尔城堡出发直接袭击符腾堡。不过,他只是被农民利用,对农民从来没有什么影响,更谈不上取得农民的信任了。

当年冬季就这样过去了,双方都没有采取什么重大步骤。诸侯老爷已经销声匿迹,农民起义却得到了发展。1525年1月,多瑙河、莱茵河和莱希河之间的整片土地上群情激昂;2月,风暴骤起。

正当布尔根巴赫的汉斯·弥勒统率的**黑林山—黑高农军**同符腾堡的乌尔里希一道密谋起事,并且还有一部分农军参加了乌尔里希发起的向斯图加特进军的徒劳行动的时候(1525年2—3月),农民于2月9日在乌尔姆城南边的里德举行了起义,他们集结在巴尔特林根附近一个由沼泽掩蔽着的营地里,竖起**红旗**,组成**巴尔特林根农军**,由乌尔里希·施米德率领。这支农军有10 000—12 000人。

2月25日,7 000名**上阿尔高农军**在舒森河集结,因为传闻官方军队将开来对付这里的不满分子。肯普滕人民在整个冬季都同他们的大主教①争执不休,他们也在2月26日集结起来,并同上

————————

① 塞·冯·布赖滕施泰因。——编者注

阿尔高农军联合在一起。梅明根和考夫博伊伦这两个城市有条件地参加了运动;可是,这两个城市在斗争中的暧昧态度,在这里已经暴露出来了。3月7日,梅明根十二条款在梅明根被上阿尔高全体农民接受。

湖军是在接到阿尔高农民的消息后由艾特尔·汉斯领导在博登湖建立的。这支湖军也很快扩大了。司令部设在贝马廷根。

在下阿尔高,在奥克森豪森和谢伦贝格地区,在蔡尔和瓦尔德堡地区,在特鲁赫泽斯的领地,农民也举行了起义,而且早在3月初起义就爆发了。这支**下阿尔高农军**有7 000人之众,驻扎在武尔察赫附近。

这四支农军都接受了梅明根条款。梅明根条款比黑高农军条款还要温和得多,而且在牵涉到武装农民对贵族和政府的态度的各点上,明显地表现出优柔寡断。农民有时也有一点果断精神,但都是在战争过程中,即在他们对敌人的花招有了体会之后,才表现出来的。

与这些农军同时,在多瑙河畔创建了第六支农军。农民从乌尔姆直到多瑙沃特的整个地区,从伊勒河、罗特河、比伯河这几条河的河谷来到莱普海姆,并在这里安营扎寨。15个地区的有作战能力的男人都赶来了,从117个地区派来了援军。**莱普海姆农军**的领袖是乌尔里希·雪恩,他的传教士是莱普海姆的教士雅科布·韦厄。

所以,在3月初,上士瓦本六处营寨约3万—4万名起义农民都武装起来了。按性质来说,这些农军是很复杂的。革命派——闵采尔派——在各支农军中只占少数。但尽管如此,他们在各处都成为农民营寨的核心和骨干。农民群众希望用威胁手段迫使贵族让步；只要贵族保证对农民让步，农民群众总是愿意同贵族达成协议的。可是当事情一拖再拖而诸侯军队又日益逼近的时候，他们就会产生厌战情绪，那些生怕失去自己拥有的一点财产的农民，多半都会跑回家去。此外，当时还有到处流浪的流氓无产阶级大批加入农军，这帮人败坏纪律，瓦解农民斗志，而且经常是说来就来，说走就走。这些情况足以说明，为什么农军一开始就到处采取守势，而且各营寨士气普遍低落；这些情况还说明，即使撇开农军战术不精和良将奇缺这两点不谈，他们也绝不是诸侯军队的对手。

还在农军集结期间，乌尔里希公爵就带着招募来的军队和一些黑高农民从霍恩特维尔向符腾堡进击。如果农民这时从另一方面进攻瓦尔德堡的特鲁赫泽斯的军队，士瓦本联盟[68]就溃败了。但是，由于农军只采取守势，特鲁赫泽斯竟能立即同巴尔特林根农军、阿尔高农军以及湖军缔结停战协定，准备进行谈判，并确定在鸠迪加礼拜日[77]（4月2日）了结此事。在这期间，他得以进攻乌尔里希公爵，占领斯图加特，并迫使乌尔里希公爵于3月17日再度撤离符腾堡。然后，他回过头来对付农民，但是，他自己军队中的雇佣兵竟抗命拒绝进攻农民。特鲁赫泽斯对叛乱者加以安抚，稳定了军心，于是他把军队开往乌尔姆，在那里集结了新的援军。他派了一个警戒营留守在基希海姆-温特泰克。

士瓦本联盟终于腾出手来，并纠集了它的第一批由各方派出的兵员。于是它抛开了自己的假面具，宣称它"决心依靠武器和上帝的帮助，来对付农民们的无法无天的举动"。[78]

在这期间，农民们严格地遵守了停战协定。为了准备鸠迪加礼拜日的谈判，他们拟定了自己的要求，即著名的**十二条款**。他们要求由全体教徒选举和罢免神职人员，废除小什一税，把大什一税³⁴中除支付教士薪俸之外的全部余款均用于公共事业,废除农奴制、渔猎权和死亡税,限制苛重的徭役、赋税和土地税,归还从教会和个人那里夺去的林地、牧场和特权,消除司法和行政部门的专横跋扈。由此可见,在各农军中温和妥协派还占很大优势。革命派以前在《书简》中早就提出了自己的纲领。这封向全体农民发出的公开书简要求农民参加"基督教同盟与兄弟会",要求他们或者通过和平手段——"这大概是办不到的"——或者用暴力来取消一切负担。书简还用"世俗绝罚"威胁所有拒绝参加的人,这就是说,谁拒绝参加就把谁排除于社会活动之外,完全隔绝他与同盟成员来往。所有城堡、寺院和教堂也都要按照世俗绝罚的要求加以处理,除非贵族、僧侣和修道士自愿离开这些地方,同其他人一样搬进普通住宅,并参加基督教同盟。这篇激进的宣言显然是在1525年春天起义**之前**拟定的,它的主题就是革命,就是彻底战胜现存统治阶级,而"世俗绝罚"的规定所涉及的只是压迫者和叛徒,以及城堡、寺院和教堂;按照这种规定,必须把压迫者和叛徒处死,把城堡焚毁,把寺院和教堂没收,并把那里的财宝换成现金。

然而,在农民把他们的十二条款提交给被指定的仲裁法庭法官之前,他们已经得到士瓦本联盟毁约和军队逼近的消息。他们立即采取措施。阿尔高人、巴尔特林根人和湖军农民在盖斯博伊伦召开了一次全体会议。四支农军合在一起,改编成四个新的纵队;农民还决定没收教会财产,变卖其中的珠宝以充军费,并焚毁各地的城堡。于是书简也同正式的十二条款一起成为他们的作战准则,而原定缔结和约的鸠迪加礼拜日就成了**总起义**的日期。

各处群情日益激昂,农民同贵族之间的地方性冲突层出不穷,六个月来黑林山的起义日益扩大并且蔓延到多瑙河地区和莱希河地区的消息不断传来,这一切足以说明,在德国三分之二的地区为什么农民起义会接连不断地迅速发生。此外,各处起义同时发生这一事实,也证明领导运动的人就是通过再洗礼派[61]以及其他密使去组织运动的那些人。在符腾堡地区,在内卡河下游,在奥登林山,在下法兰克尼亚和中法兰克尼亚,都是在3月下半月就已经出现风潮;各处事前都已经指定4月2日这个鸠迪加礼拜日为总暴动的日子,各处在4月的第一个星期就已经进行决定性的出击,举行群众起义。阿尔高农民、黑高农民和湖军农民也于4月1日通过敲起警钟和召开群众大会的办法,把全部有作战能力的男人都召入营寨,并且同巴尔特林根农民同时对各城堡和寺院采取敌对行动。

在**法兰克尼亚**,运动集中在六个中心,在4月的最初几天里,各处都爆发了起义。这时在**讷德林根城**附近建立起两处农民营寨,在农民的帮助下,以**安东·福尔讷**为首的城市革命派占了优势,福尔讷被任命为市长,该城同农民采取一致行动。在**安斯巴赫**地区,农民从4月1—7日到处举行起义,起义还从这里蔓延到巴伐利亚。在**罗滕堡**地区,农民从3月22日起就已经拿起武器;罗滕堡城名门望族的统治于3月27日被斯蒂凡·冯·**门钦根**领导的小市民和平民推翻了,但是,由于农民的贡赋恰恰是该城的主要财源,所以,新政府对农民的态度是动摇的、暧昧的。在**维尔茨堡**主教教堂议事会[79]管区内,农民和各小城市在4月初普遍举行了起义;在**班贝格**主教管区内,总暴动在五天之内就迫使主教①屈服。最后,在北方,在图林根边境,也安下了强大的**比尔德豪森农**

_____

① 韦甘德(雷德维茨的)。——编者注

民营寨。

在奥登林山,革命派的首领是**文德尔·希普勒**和**格奥尔格·梅茨勒**。希普勒是一个贵族,曾任霍亨洛埃伯爵的总管;梅茨勒是克劳特海姆附近的巴伦贝格的小店主。在这里,3 月 26 日就已经掀起了风暴。农民从四面八方奔向陶伯河。从罗滕堡郊外营寨来的 2 000 人也参加了行动。所有援军会合以后,就在格奥尔格·梅茨勒率领下于 4 月 4 日向亚格斯特河畔的申塔尔寺院进军,**内卡河谷的农民**也在这里同他会师。内卡河谷的农民是由海尔布隆附近的伯金根的小店主**耶克莱恩·罗尔巴赫**领导的,他们于鸠迪加礼拜日在弗莱恩、松特海姆等地宣布起义,而文德尔·希普勒则率领一批密谋者奇袭厄林根,并把附近的农民都吸引到运动中来。在申塔尔,有两支联合成"**华美军**"的农民军队接受了十二条款,并组织向各城堡和寺院发起攻击。华美军约有 8 000 人的兵力,装备了火炮,还拥有 3 000 支枪。法兰克尼亚的一个骑士**弗洛里安·盖尔**也加入了华美军并组成黑军,这是一支主要是从罗滕堡和厄林根的后备军中征集来的人员组成的精锐部队。

驻内卡苏尔姆的符腾堡地方长官路德维希·黑尔芬施太因伯爵开始采取敌对行动。他把落到他手中的农民不问青红皂白一律处死。华美军向他发起了进攻。由于黑尔芬施太因杀人如麻,由于刚刚传来了关于莱普海姆农军败北、雅科布·韦厄被杀以及特鲁赫泽斯施行残酷手段等消息,农民们怒不可遏。黑尔芬施太因逃往魏恩斯贝格,他在那里遭到攻击,城堡受到了弗洛里安·盖尔猛攻。经过长时间的鏖战,盖尔终于攻下城堡,路德维希伯爵同许多骑士一起被俘。第二天,即 4 月 17 日,耶克莱恩·罗尔巴赫和农军中最坚决的一些人共同审讯这批俘虏,并强迫以黑尔芬施太因为首的 14 名战俘穿过手持梭镖奋力刺杀的士兵行列。过去黑尔芬施太因就是用这种最具有侮辱性的方式来处死俘虏的。占领魏恩斯贝格的行动以及耶克莱恩对黑尔芬施太因采取的恐怖报复手段,对贵族们起到了震慑作用。勒文施泰因的伯爵们参加了农民联盟;霍亨洛埃的伯爵们早就参加了,可是还没有出过力立过功,他们马上送来了必需的火炮和弹药。

首领们商议是否要拥立葛兹·冯·伯利欣根为领袖,"因为他可以把贵族拉到这一边来"。这个建议得到了赞同;但弗洛里安·盖尔从农民和首领们的这种情绪中看出了反动的苗头,于是就带着他的黑军脱离华美军,独自行动,最初走遍了内卡河流域,后来又在维尔茨堡地区活动,到处捣毁城堡和僧侣巢穴。

剩下的农军先是向海尔布隆进发。在这个强大的帝国直辖自由市,和几乎所有地方一样,同名门望族对峙的是市民反对派和革命反对派。革命反对派同农民达成了秘密协议,他们在骚乱过程中于 4 月 17 日打开城门迎接格奥尔格·梅茨勒和耶克莱恩·罗尔巴赫。农民的领袖们带领自己的人占领了这座城市;城市被吸收加入兄弟会,并提供了 1 200 古尔登现款,还提供了一个中队的志愿兵。只有僧侣和德意志骑士团[80]成员的产业遭到了洗劫。22日,农民留下少数驻防部队就撤走了。海尔布隆被指定为各地农军的联络中心,事实上各地农军也派来了代表,商议农民的共同行动和共同要求。但是,市民反对派以及自从农民进城以来就同市民反对派结成联盟的名门望族这时又在这座城市占了优势,他们对任何坚决的步骤都加以阻挠,只等待着诸侯军队的到来,以便最后出卖农民。

农民向奥登林山进发。4 月 24 日,葛兹·冯·伯利欣根(此

人在这以前的几天内曾先去投靠普法尔茨选帝侯①,然后又来投
靠农民,后来又去投靠选帝侯)这时不得已而加入新教兄弟会,并
担任华美白军(与弗洛里安·盖尔的黑军相对而言)的总指挥。
可是,他同时又是农民的俘虏,农民十分警觉地监视着他,并责成
他按首领们的意见行事,未经首领同意不得擅自行动。葛兹和梅
茨勒率领农民群众通过布亨开往阿莫巴赫,他们在那里从4月30
日驻扎到5月5日,并在整个美因茨地区掀起暴动。各地的贵族
被迫参加暴动,借此保全他们的城堡;只有寺院遭到焚烧和洗劫。
这时农军士气明显下降;最坚决果断的人都同弗洛里安·盖尔或
者同耶克莱恩·罗尔巴赫一道离开了队伍。罗尔巴赫在农军占领
海尔布隆以后已经离队出走,显然是因为他审判过黑尔芬施太因
伯爵,所以不可能在一支想同贵族妥协的农军中久留。迫不及待
地想同贵族取得谅解这件事本身,就已经是农军士气低落的标志。
此后不久,文德尔·希普勒提出了一个非常合适的改组农军方案:
录用每天前来应募的雇佣兵,不要像以往那样,每个月都征召新
兵、遣散老兵,从而使兵员不断更新,而应当使这支武装起来的、多
少受过训练的队伍保持稳定。可是,全军大会把这两点建议都否
决了;农民们已经忘乎所以,竟把整个战争看做是一种聚众掠夺的
勾当,既然如此,雇佣兵的竞争就不可能合乎他们的心意,而且,他
们一旦填满私囊,就会随心所欲地返回家园。在阿莫巴赫,事情甚
至发展到了这样的地步:海尔布隆的市政会成员汉斯·贝林②竟
说服农军的首领和顾问通过了《十二条款陈情书》,这是一封公

---

① 路德维希五世。——编者注
② 威·威美尔曼在这里将海尔布隆公证人和司法代理人汉斯·贝林误
做市政会成员和市长汉斯·贝林,二人同宗。——编者注

函,其中删去了十二条款中仅有的一些尖锐词句,改成了恭顺的请愿语言,并且硬说这些语言出自农民之口。这一回,农民对事情忍无可忍了,他们纷纷发出强烈的呼声,拒绝同意这个陈情书,而坚持原来的条款。

在这期间,维尔茨堡地区发生了决定性的转折。4月初,当农民起义刚刚爆发的时候,主教①就退守到维尔茨堡附近的坚固设防的弗劳恩贝格,并驰书各方求援,结果徒劳,终于被迫暂时屈服。5月2日召开邦议会,出席会议的也有农民代表。但是,会议还没有取得任何结果,就查获了一批信件,证实了主教的叛变阴谋活动。邦议会立即散去,造反的市民和农民同主教的部队之间又开始敌对行动。主教本人于5月5日逃往海德堡;第二天,弗洛里安·盖尔及其黑军就来到了维尔茨堡,同他一起来的还有**法兰克尼亚陶伯河农军**,这支军队是由梅根特海姆农民、罗滕堡农民和安斯巴赫农民组成的。5月7日,葛兹·冯·伯利欣根也率领华美白军来到,并开始围攻弗劳恩贝格。

在林普格地区以及埃尔旺根和哈尔一带,早在3月底4月初就建立起另一支农军,即盖尔多夫农军或称**普通华美军**。这支农军势如破竹,把整个地区都卷入暴动,烧毁了许多寺院和城堡,霍亨施陶芬城堡也在其中;农军还强迫所有的农民跟随队伍行动,强迫所有的贵族,甚至包括林普格的酒店老板在内,都加入基督教兄弟会。5月初,这支农军准备袭击符腾堡,但经过别人劝诱以后撤退了。当时,德意志小邦分立的割据状态也同1848年一样,使各邦的革命者很难采取共同的行动。盖尔多夫农军被限制在一个小

————————
① 康拉德三世。——编者注

小的地区里,这支队伍在当地战胜了一切反抗之后,势必自行瓦解。他们同格明德城达成了协议,只留下 500 名武装农民就解散了。

在**普法尔茨**,4 月下旬就在莱茵河两岸建立了农军。他们破坏了许多城堡和寺院,并于 5 月 1 日占领了哈尔特山麓诺伊施塔特,而在此以前几天,布鲁赫莱茵农民已经渡河,迫使施派尔城缔结协定。冯·哈伯恩元帅只率领少数选帝侯部队,无法对付农民。5 月 10 日,选帝侯不得不同造反的农民缔结协定,他在协定中向农民保证要召开一次邦议会以解除农民的负担。

最后,在**符腾堡**,起义很早就在个别地区爆发了。在乌拉赫山,农民们早在 2 月间就已经结成了反对僧侣和领主的同盟,3 月底,布劳博伊伦、乌拉赫、明辛、巴林根、罗森费尔德等地的农民都举行了起义。盖尔多夫农军在格平根附近,耶克莱恩·罗尔巴赫在布拉肯海姆附近,被击败的莱普海姆农军残部在普富林根附近,都袭击符腾堡并策动农民举行起义,在其他地方也出现了大规模的风潮。普富林根在 4 月 6 日就已经不得不向农民投降。奥地利大公①的政府狼狈不堪。它根本没有钱,军队也很少。各城市和各城堡的形势极其危急,既无守军,又无军火。甚至阿斯佩格也几乎毫不设防。

政府企图集中各城市的后备军去对付农民,结果倒使它自己一时遭到了失败。4 月 16 日,博特瓦尔的后备军拒绝开拔,不愿前往斯图加特,而进入博特瓦尔附近的温嫩施泰因山,他们在那里成了市民和农民营寨的核心,而这个营寨也很快得到了发展。同

---

① 斐迪南一世。——编者注

一天,察伯高也爆发了起义;毛尔布龙寺院遭到了抢劫,不少寺院和城堡都被摧毁了。援军从邻近的布鲁赫莱茵赶来支持农民队伍。

温嫩施泰因山上的农军首领是**马特恩·费尔巴哈尔**。费尔巴哈尔是博特瓦尔市政会成员,是市民反对派领袖之一,他是不得已才作出妥协跟农民走的。在这期间他仍然持非常温和的态度,阻止在各城堡执行书简条款,总是试图在农民与温和派市民之间进行调解。他阻挠符腾堡农民同华美白军联合,后来还劝说盖尔多夫农军退出符腾堡。由于他倾向于市民,因而曾于4月19日被撤职,但第二天又被任命为首领。这是一个不可缺少的人物。甚至耶克莱恩·罗尔巴赫于22日带着200名坚定分子前来援助符腾堡农民队伍时,也毫无办法,只有让费尔巴哈尔继续留任,而自己只能严密监视他的行动。

4月18日,政府试图同温嫩施泰因山上的农民进行谈判。农民坚持要政府接受十二条款,政府的全权代表们自然不能同意。于是农军开始行动。20日,农军抵达劳芬,并在此地最后拒绝了政府代表的提议。22日,6 000之众的农军进驻比蒂希海姆,并威胁斯图加特。该城的市政会成员大半都已经逃走,由一个市民委员会主持行政工作。当地的市民,也同其他城市一样,都分裂成名门望族、市民反对派、革命平民派三派。革命平民派于4月25日给农民打开了城门,斯图加特立即被占领。此时,符腾堡的起义农民已经自称为**华美基督教农军**,这支农军的组织工作就是在斯图加特完成的;对薪饷、战利品分配以及给养等等也制订了严格的规章。托伊斯·格尔伯带领了一个中队的斯图加特军加入农军。

4月29日,费尔巴哈尔率领整支农军去抵挡在绍恩多夫附近侵入符腾堡地区的盖尔多夫农军,他把整个地区都吸收入同盟,因而就劝说盖尔多夫农军撤退了。费尔巴哈尔就这样防止了他自己的农军中由罗尔巴赫领导的革命分子同无所顾忌的盖尔多夫农军混合,因而也就防止了这些革命分子增强力量而危及他本身。他在得到特鲁赫泽斯逼近的消息以后,就从绍恩多夫开拔去迎击特鲁赫泽斯,并于 5 月 1 日驻扎在基希海姆-温特泰克。

以上我们描述了德国境内第一批农军活动的那一地区的起义发生和发展的过程。在我们详尽地陈述其他各批农军活动情况(图林根和黑森、阿尔萨斯、奥地利和阿尔卑斯山区)之前,我们必须先介绍一下特鲁赫泽斯的进军情况,他在这次进军过程中最初是孤军作战,后来在许多诸侯和城市的支持下,消灭了这第一批起义农民。

关于特鲁赫泽斯,我们在上文叙述了他到达乌尔姆附近的情况,此后就一直没有提到他;3 月底,他在基希海姆-温特泰克留下一支由迪特里希·施佩特指挥的警戒部队以后,即转往乌尔姆。特鲁赫泽斯的军团,包括到乌尔姆来集中的联盟援军在内,总共近 1 万人,其中有 7 200 名步兵,这是唯一的一支能向农民进攻的军队。各路援军向乌尔姆汇合的行动极为缓慢,其原因一方面是由于爆发起义的各邦很难征募兵员,一方面是由于各地政府缺少经费,另一方面还由于各地要留少数部队坚守要塞和城堡,绝对不能调动。至于不属于士瓦本联盟的诸侯和城市所能调动的部队究竟少到何种程度,我们在上文已经作了介绍。所以,格奥尔格·特鲁赫泽斯率领的联盟军队能否取得成就,将决定整个局势的发展。

在这期间,**巴尔特林根农军**已开始在里德周围地区摧毁城堡和寺院,特鲁赫泽斯首先向这支农军发起攻击。农民们在联盟军队逼近时立即退却,被迫绕道逃出沼泽地带,渡过多瑙河,进入施瓦本山的峡谷和森林。在这些地带,作为联盟军队主力的骑兵和火炮对农民们是无可奈何的,因此,特鲁赫泽斯停止追击,转而进攻莱普海姆农军;这支农军有 5 000 人驻扎在莱普海姆附近,有 4 000 人驻扎在明德尔河谷,有 6 000 人驻扎在伊勒蒂森附近,他们在整个地区掀起暴动,毁坏寺院和城堡,准备调动所有这三支部队向乌尔姆挺进。然而,这里的农民看来也有点士气低落,所以,农军在战斗中已经没有任何把握,原因就在于雅科布·韦厄从一开始就谋求同特鲁赫泽斯进行谈判。但是,特鲁赫泽斯这时已经有足够的兵力作后盾,所以根本不予理会,反而于 4 月 4 日在莱普海姆附近向农军主力发起进攻,结果彻底击溃了这支队伍。雅科布·韦厄和乌尔里希·雪恩以及另外两位农民领袖被俘斩首;莱普海姆投降了,经过在附近地区几番追击之后,整个地区也都被征服了。

特鲁赫泽斯的雇佣兵因为要求抢劫和额外加薪而再次发生哗变,这件事又一次打乱了特鲁赫泽斯 4 月 10 日以前的军事行动。在这以后,他才向西南方进击**巴尔特林根农军**,原来在此期间,这支农军侵入了他的领地瓦尔德堡、蔡尔和沃尔夫埃格,并围攻了他的各处城堡。特鲁赫泽斯在这里也发现农民是四分五裂的,于是他就在 4 月 11 日和 12 日采取了各个击破的办法,把巴尔特林根农军先后完全击溃。农军残部在教士弗洛里安率领下向**湖军**方面撤退。于是,特鲁赫泽斯又转而进攻湖军。在这期间,湖军不仅多次出击,而且使布赫霍恩(腓特烈港)和沃尔马廷根这两个城市加入了兄弟会;这支湖军于 13 日在萨莱姆寺院召开了大规模的军事会议,决定迎击特鲁赫泽斯。于是,各处立即敲响了警钟,在贝马廷根营寨集结了1万人,被击败的巴尔特林根农军也来同他们汇合。4月15日,他们与特鲁赫泽斯交战并获得胜利,特鲁赫泽斯不想把他的军队在一次决战中孤注一掷,而宁愿谈判,当他听说阿尔高农军和黑高农军也逼近时,就更急于谈判了。因此,他于4月17日在魏恩加滕同湖军和巴尔特林根农军缔结了一项从表面看对农军相当有利的协定,农军竟毫不迟疑地同意了。特鲁赫泽斯进而诱使上下阿尔高农军代表也都接受这项协定,然后开往符腾堡。

特鲁赫泽斯的奸诈使他从已成定局的覆灭中挣脱出来。假如他不善于愚弄那些软弱、狭隘而且绝大部分已经士气低落的农民,不善于愚弄那些多半懦弱无能而又贪图贿赂的农民首领,他同他那支小小的队伍早就遭到至少由25 000—30 000人组成的四个纵队兵力的包围,而且无疑已经被消灭了。但是,他的敌人目光短浅,而这一点在农民群众身上一直是难以避免的,因此,特鲁赫泽斯就有可能恰恰是在敌人只需一击即可结束整个战争——至少在士瓦本和法兰克尼亚——的时刻从敌人手中逃脱。湖军农民信守协定,以致拿起武器去反对自己的同盟者黑高农军,最后当然还是被欺骗了;阿尔高农军也在他们的首领指使下卷进了这种背叛活动,虽然他们马上就退出了这一行动,可是在这期间却使特鲁赫泽斯摆脱了险境。

黑高农军当时虽然没有参加魏恩加滕协定,可是紧接着却干了一件带有极端的地方狭隘性和顽固的乡土观念的事,结果断送了整个农民战争。在特鲁赫泽斯同他们谈判一无所得而向符腾堡开拔以后,他们尾随着他并且继续驻守在他的侧翼,可是他们竟从未想到同符腾堡华美基督教农军采取一致行动,其理由是因为符腾堡农民和内卡河谷农民一度拒绝援助他们。因此,当特鲁赫泽斯已经远离他们的家乡时,他们就泰然自若地撤回并且向弗赖堡开去。

我们已经叙述了由马特恩·费尔巴哈尔率领的符腾堡农民驻扎在基希海姆-温特泰克,而由特鲁赫泽斯留下的交给迪特里希·施佩特指挥的警戒部队则从这里向乌拉赫返回的情况。费尔巴哈尔在企图攻取乌拉赫失利之后即转往尼尔廷根,并写信向邻近所有的起义农军求援,以便进行决定胜负的一战。果然,从符腾堡平原地区和戈伊相继开来了大批援军。特别是戈伊农民,他们在一直撤退到符腾堡西部的莱普海姆农军残部的周围集结起来,并且使内卡河谷和纳戈尔德河谷上游一直到伯布林根和莱昂贝格的整个地区都掀起了暴动;戈伊农民分成了两支强大的农军,于5月5日在尼尔廷根同费尔巴哈尔会师。特鲁赫泽斯在伯布林根附近同联合起来的农军遭遇。农军的人数、火炮和他们的阵地使特鲁赫泽斯为之震惊;他重演故技,立即开始同农民谈判,并且同他们缔结了一项停战协定。他刚刚借此骗得农民的信任,就于5月12日**在停战期间**袭击农民,迫使他们进行决定胜负的一战。农民们进行了英勇持久的抵抗,直到伯布林根最后由于市民阶级的叛变而落入特鲁赫泽斯手里为止。农民左翼因此失掉了根据地,遭到袭击和包抄。于是结局已定。缺乏纪律性的农民陷于混乱,随即狂奔逃命;凡是未被联盟的骑兵杀戮或俘虏的人,也纷纷丢掉武器仓皇逃回老家。"华美基督教农军"瓦解了,整个符腾堡的暴动也随之完全平息了。托伊斯·格尔伯逃往埃斯林根,费尔巴哈尔逃往瑞士,耶克莱恩·罗尔巴赫被俘,并被戴上镣铐押送到内卡加塔赫,特鲁赫泽斯在那里把他捆在一根柱子上,周围堆满木柴,用火慢慢地把他活活烤死,而特鲁赫泽斯本人则同他的骑士们在一旁宴饮取乐,欣赏这种骑士的活剧。

特鲁赫泽斯从内卡加塔赫侵入克赖希高,以支援普法尔茨选帝侯的军事行动。普法尔茨选帝侯在此期间集结了部队,在接到特鲁赫泽斯获胜的消息后,立即撕毁同农民缔结的协定,于5月23日袭击布鲁赫莱茵,在遭到猛烈抵抗之后,攻克并烧毁了马尔施,洗劫了许多村庄,占领了布鲁赫萨尔。与此同时,特鲁赫泽斯还袭击了埃平根并俘虏了当地运动的首领安东·艾森胡特。选帝侯下令立即把艾森胡特和其他12位农民领袖一起处死。布鲁赫莱茵和克赖希高就这样被平定了,还被搜刮了将近4万古尔登。特鲁赫泽斯的军队在以上各次战斗之后只剩下6 000人,选帝侯的军队则剩下了6 500人,这两支军队联合起来,向奥登林山农民发起了攻击。

伯布林根失败的消息到处流传,使起义者感到恐惧。处于农民高压之下的各个帝国直辖自由市一下子都松了一口气。海尔布隆是第一个采取步骤同士瓦本联盟**68**妥协的帝国直辖自由市。海尔布隆设有农民办公室,各路农军代表在这里进行协商,准备以全体起义农民的名义向皇帝①和帝国提出建议。这些协商本来是要达成一个普遍适用于整个德国的提案,但协商过程再次表明:当时还没有任何一个等级已经发展到能从自己的立场出发去革新整个德国局面的程度,连农民等级也没有发展到这种程度。形势很快就表明,要达到上述目的,就必须争取贵族,尤其是必须争取市民阶级。这样一来,**文德尔·希普勒**就掌握了协商的领导权。在运动的所有领袖中,文德尔·希普勒对当时形势的认识最正确。他

---

① 查理五世。——编者注

不是像闵采尔那样有远见的革命家,也不是像梅茨勒或罗尔巴赫那样代表农民的人物。他那多方面的经验,他那对各个等级相互间的态度的实际了解,都使得他不会只代表卷入运动的等级中的某个等级来反对其他等级。闵采尔是完全处于当时正式社会联系之外的那一阶级的代表人物,也就是初期无产阶级的代表人物,他在形势的推动下已经预感到共产主义必将实现;正如闵采尔一样,文德尔·希普勒可以说是全民族一切进步成分中起中介作用的代表人物,他也已经预感到**近代资产阶级社会**必将实现。诚然,他所主张的原则和他所提出的要求都不是很快就能实现的,但这些原则和要求却是封建社会正在出现的解体状态的稍加理想化的必然结果;农民一旦决心为整个帝国制定法律草案,就不能不接受他的原则和要求。所以,农民所要求的中央集权就在海尔布隆采取了一种更为明确的形式,而这种形式同农民对中央集权的想法有天渊之别。例如,这种中央集权在统一币制和度量衡,以及在废除境内关税等方面作了比较详尽的规定,简言之,这类规定所涉及的都是那些十分明显地维护城市市民利益而不是维护农民利益的要求。所以,当时对贵族作了许多让步,这些让步十分接近现代的赎买办法,其最终目的是要把封建土地所有制转变为资产阶级土地所有制。总而言之,农民的要求一经被概括为一种"帝国改革"方案以后,即使不从属于市民的当前要求,也必然从属于市民的最终利益。

当人们还在海尔布隆对这一帝国改革方案进行辩论的时候,《十二条款陈情书》的作者汉斯·贝林①已出城迎接特鲁赫泽斯,

---

① 这个汉斯·贝林是海尔布隆市政会成员和市长,不是《十二条款陈情书》的作者汉斯·贝林,二人同宗。参看本书第89页。——编者注

准备以名门望族和市民阶级的名义同他商谈有关交出该城的问题。城里反动派的活动支持了这一背叛行为,文德尔·希普勒不得不和农民一起逃走。他前往魏恩斯贝格,企图在那里召集符腾堡农军残部和少数有了战斗准备的盖尔多夫农军。但是,普法尔茨选帝侯和特鲁赫泽斯又逼近了,他不得不离开此地而去维尔茨堡发动华美白军。联盟部队和选帝侯部队当时已经征服了整个内卡河地区,迫使农民重新宣誓效忠,焚毁了许多村庄,刺死或绞死了所有曾经逃跑而被他们俘获的农民。为了给被杀的黑尔芬施太因报仇,他们把魏恩斯贝格烧成了一片焦土。

这时,在维尔茨堡近郊汇合的农军包围了弗劳恩贝格,并于5月15日在缺口尚未攻破之前就向堡垒发起勇猛的冲锋,但没有成功。城壕里留下了400名最优秀的人员,多半属于弗洛里安·盖尔的黑军,其中有的阵亡有的负伤。两天之后,即17日,文德尔·希普勒来到这里,召开了一次作战会议。他提议只留4 000人在弗劳恩贝格郊外,同时,可以在特鲁赫泽斯视线之内调集全部约2万人之众的主力部队,前往亚格斯特河畔克劳特海姆附近安营扎寨,所有援军都可以到那里去集中。这个计划非常出色;只有通过团结群众并依靠人多势众才有希望打败当时已经拥有13 000人的诸侯军队。然而,农军军心涣散和士气低落的情况过于严重,已经无法采取任何坚决果敢的军事行动。葛兹·冯·伯利欣根在此后不久就公开成为叛徒,他当时可能也曾竭力阻碍农军的行动,因此,希普勒的计划始终没有付诸实施,而农军却像往常一样陷于分裂状态。直到5月23日,华美白军在法兰克尼亚农民答应尽速接应之后才开始行动。26日,驻扎在维尔茨堡的封疆伯爵安斯巴赫各中队在接到封疆伯爵已经对农民开始采取敌对行动的消息以后都被调回来了。围城军队的残部同弗洛里安·盖尔的黑军一起在离维尔茨堡不远的海丁斯费尔德附近严阵以待。

华美白军于5月24日来到克劳特海姆,已经放松了战斗的准备。许多人在这里听说他们的村子当时已经宣誓效忠于特鲁赫泽斯,也就以此为借口各自回家了。农军继续向内卡苏尔姆开去,并于5月28日同特鲁赫泽斯谈判;同时,派遣使者到法兰克尼亚、阿尔萨斯和黑林山—黑高农军驻地要求火速驰援。葛兹从内卡苏尔姆撤回厄林根。农军的兵力日益减少;葛兹·冯·伯利欣根也在行军途中不见了;他骑着马回了家,在此以前,他早就通过他的老战友迪特里希·施佩特为他倒戈的事同特鲁赫泽斯谈妥。在厄林根附近,由于误传敌人逼近的消息,突然使束手无策、垂头丧气的群众感到惊恐万状;农军秩序大乱,四散逃走,梅茨勒和文德尔·希普勒费了很大力气才集合了大约2 000人,再次开到克劳特海姆去。在这期间,法兰克尼亚征集的5 000名战士来到这里,可是由于葛兹显然为了叛变而安排的从侧面通过勒文施泰因到厄林根的行军计划,这支农军并没有同华美军相遇,就开到内卡苏尔姆去了。这个由华美白军的几个中队占领的小城遭到了特鲁赫泽斯的围攻。法兰克尼亚农军于夜间到达并已经看见联盟军队营寨的火光,但是,农军首领们不敢进行袭击,而退到克劳特海姆去了,最后他们在那里找到了华美白军残部。内卡苏尔姆既无援军解救,就于29日向联盟军队投降了。特鲁赫泽斯立即下令杀害了13个农民,然后追击农军,一路烧杀劫掠,无所不为。在整个内卡河谷、科赫尔河谷以及亚格斯特河谷中,凡是特鲁赫泽斯所过之处,都是一片瓦砾,树上挂着农民的尸体。

联盟军队在克劳特海姆附近同一些农民相遇,这些农民由于受到特鲁赫泽斯从侧翼发动的攻击,被迫向陶伯河畔柯尼希斯霍芬撤退。农民总共有 8 000 人,拥有 32 门大炮,他们就在此地严阵以待。特鲁赫泽斯在丘陵和森林的掩护下悄悄逼近农民,命令几个纵队迂回过来,于 6 月 2 日以优势兵力发起突然袭击。农民尽管以几个纵队的兵力进行极其顽强的抵抗,一直战斗到深夜,但结果还是被彻底击溃了。同以往一样,这一次"农民的死神"即联盟军队的骑兵也充当了消灭起义军队的主力,这支骑兵在农民遭到枪炮和梭镖的进攻而感到惊恐之后便猛冲过去,把他们完全击溃,然后一个个杀死。特鲁赫泽斯究竟用他的骑兵进行了怎样的战争,曾参加农民军的 300 个柯尼希斯霍芬市民的命运就可作证。这 300 个市民在战斗中被杀得只剩下 15 人,而这 15 人中有 4 人后来被斩首了。

特鲁赫泽斯用这种办法镇压了奥登林山、内卡河谷和下法兰克尼亚的农民之后,便进行扫荡,焚毁所有村庄,处死无数农民,从而平定了整个地区,然后就向维尔茨堡进发。他在中途获悉,由弗洛里安·盖尔和布格贝恩海姆的格雷戈尔率领的第二支法兰克尼亚农军正驻扎在苏尔茨多夫附近,于是他立即向这支农军进攻。

弗洛里安·盖尔在猛攻弗劳恩贝格失利以后,主要致力于同各个诸侯和各个城市,特别是同罗滕堡城和安斯巴赫封疆伯爵卡齐米尔就加入农民兄弟会问题进行谈判,但柯尼希斯霍芬失败的消息突然打断了谈判。弗洛里安·盖尔的农军就同布格贝恩海姆的格雷戈尔率领的安斯巴赫农军联合在一起。这支农军是新建立的。卡齐米尔封疆伯爵善于用真正的霍亨索伦方式,即一半用花言巧语,一半用大军威胁,借以控制其境内的农民起义。任何外地农军,只要不吸收安斯巴赫的臣民参加,他就对他们完全保持中立。他设法把农民的仇恨主要转移到教会机构上去,并企图通过最终查抄这些机构来中饱私囊。同时他不断扩充军备,伺机而动。伯布林根之战的消息一到,他立即对其境内的造反农民采取敌对行动,掠夺并焚毁了许多村庄,下令绞死和屠杀了许多农民。然而农民迅速地集结起来,在布格贝恩海姆的格雷戈尔指挥下,于5月29日在温茨海姆附近打败了他。当农民还在追击他的时候,从处境困难的奥登林山农民那里传来了求援的消息,农民立即向海丁斯费尔德进发,并从那里同弗洛里安·盖尔一起又开往维尔茨堡(6月2日)。在这里,他们一直得不到有关奥登林山农军的消息,就留下5 000人,而派4 000人尾随其他农军开去——其余的人则都散去了。他们听信了讹传的关于柯尼希斯霍芬战果的消息,深感安全,不料就在**苏尔茨多夫**附近遭到特鲁赫泽斯的袭击,结果大败。特鲁赫泽斯的骑兵和雇佣兵照例屠杀农民,以致血流成河。弗洛里安·盖尔集合他的黑军残部600人杀出重围,开往因戈尔施塔特村。200人占领了教堂和公墓,400人占领了城堡。普法尔茨选帝侯军队跟踪追击,一支1 200人的纵队攻占了该村,并放火烧毁了教堂;未被烧死的农民统统被杀死。然后,普法尔茨军队在年久失修的城堡墙垣打开缺口,企图发起冲锋。但两次冲锋都被隐蔽在一堵内墙后面的农民击退了,普法尔茨军队轰倒了这第二堵墙,然后发起第三次冲锋,这一次终于得逞了。盖尔的人有一半被杀,他幸而同最后的200人一起逃出险境。但是,他的隐匿处第二天(圣灵降临节后的星期一)就被发现了;普法尔茨军队包围了他所隐匿的森林,把这支农军斩尽杀绝。在这两天之中,普法尔茨军队只俘虏了17人。弗洛里安·盖尔同很少几个最坚决的人一起又杀出重围,去投奔盖尔多夫农军,这支农军当时又集结了

7 000 人之众。但是,当他来到的时候却发现,由于令人沮丧的消息从各方面传来,这支农军中的大多数人已经散去了。他还力图把离散在森林中的农民集结起来,可是在 6 月 9 日,他就在哈尔附近遭到了官军袭击,在战斗中阵亡。

特鲁赫泽斯早在柯尼希斯霍芬获胜之后就立即报信给弗劳恩贝格的被围者,此刻他就向维尔茨堡进军。市政会已经和他暗中串通,所以联盟军队于 6 月 7 日夜里就把该城连同驻扎在城内的 5 000 个农民包围起来,并于翌晨不费一兵一弹就开进了由市政会自行打开的各个城门。由于维尔茨堡"名门望族"的这次叛变,最后一支法兰克尼亚农军就被解除了武装,所有首领统统被俘。特鲁赫泽斯立即下令将 81 人斩首。于是法兰克尼亚的形形色色的诸侯接踵来到维尔茨堡,其中有维尔茨堡本地的主教①本人,有班贝格主教②,有勃兰登堡—安斯巴赫封疆伯爵。这帮显贵分别承担了各种任务。特鲁赫泽斯和班贝格主教一起进军,这个主教立刻撕毁了他和当地农民缔结的协定,让联盟军队的兵痞在他的领地上恣意烧杀掳掠,无恶不作。卡齐米尔封疆伯爵蹂躏了他自己的领地。代宁根被焚毁;无数村庄被洗劫或付之一炬;同时,这个封疆伯爵在每一个城市都进行了血腥的审判。他在艾施河畔诺伊施塔特下令将 18 个造反者斩首,在马克特贝格尔下令将 43 个造反者斩首。他从那里开往罗滕堡,当时罗滕堡的名门望族已经在进行反革命活动,并逮捕了斯蒂凡·冯·门钦根。以前,罗滕堡的小市民和平民对待农民的态度极其暧昧;他们直到最后一刻还拒

---

① 康拉德三世。——编者注
② 韦甘德(雷德维茨的)。——编者注

绝给农民以任何援助;他们生性狭隘自私,为了城市行会的利益,坚持压制农村手工业,只是在极不情愿的情况下,才勉强放弃了城市从农民的封建贡赋中取得的收入,现在,他们不得不自食其果了。封疆伯爵下令将他们当中的 16 个人斩首,门钦根当然首当其冲。维尔茨堡主教以同样的方式在他的管区进行扫荡,到处掠夺焚烧,庐舍为墟。他在胜利进军中处决了 256 个造反者,在回到维尔茨堡的时候,还将 13 个维尔茨堡市民斩首以庆祝大功告成。

在美因茨地区,当地的地方长官斯特拉斯堡的主教威廉没有遭到抵抗就恢复了该地区的平静。他只处决了 4 个人。莱茵高本来也发生过骚动,可是,大家早就各自回家了,而弗罗文·冯·胡登(乌尔里希的堂兄弟)还要补剿一番,杀了 12 个谋反头目,于是莱茵高就完全"平定"了。法兰克福也曾经历巨大的革命运动,最初是靠市政会的退让,后来则靠征集军队控制住了局势。在莱茵普法尔茨,在选帝侯毁约以后大约又有 8 000 个农民集结起来,再次烧毁寺院和城堡;但是,特里尔大主教①得到冯·哈伯恩元帅的支援,于 5 月 23 日在普费德斯海姆附近击败了农民。随着惨案不断发生(仅在普费德斯海姆一地,就有 82 人被杀),随着魏森堡于 7 月 7 日被占领,这里的起义就最终结束了。

这时,在所有的农军中只剩下两支没有被征服:黑高—黑林山农军和阿尔高农军。斐迪南大公曾经利用这两支农军进行阴谋活动。就像卡齐米尔封疆伯爵以及其他诸侯企图利用起义来吞并教会地产和诸侯领地一样,斐迪南大公也企图利用起义以扩大奥地利王室的权力。他曾经和阿尔高农军首领瓦尔特·巴赫和黑高农

---

① 理查(格赖芬克劳的)。——编者注

军首领布尔根巴赫的汉斯·弥勒进行谈判,要求他们俩说服农民宣布站在奥地利一边;这两个首领虽然都是可收买的人,可是,他们在农军中也不能为所欲为,他们所能做到的只不过是使阿尔高农军和斐迪南大公缔结停战协定,并对奥地利保持中立,仅此而已。

黑高农军在从符腾堡地区撤退途中破坏了一批城堡,并从巴登封疆伯爵境内争取到了一些援军。5月13日他们向弗赖堡进军,18日开始轰击该城,23日该城投降,他们高举旗帜进入城内。他们从这里开往施托卡赫和拉多尔夫采尔,并同两城守军进行小规模持久战,但并没有取得战果。这两个城市以及贵族和邻近各城市都根据魏恩加滕协定向湖军农民求援,而湖军中昔日的造反者竟有5 000人之众起来反击自己的同盟者。这些农民的地方狭隘性实在太严重了。只有600人拒绝战斗,他们想加入黑高农军,结果被杀害。然而,在卖身投敌的布尔根巴赫的汉斯·弥勒策动下,黑高农军放弃了围攻;汉斯·弥勒随即逃走,而农军也大半散去了。农军的残部借助于希尔青根的狭窄而陡峭的山间小路以自卫,7月16日,他们在当地被抽调前来的官军击败并被消灭了。瑞士若干城市出面为黑高农军斡旋而缔结了一项协定,然而该协定最终并不能使汉斯·弥勒幸免于难,他虽有背叛农民之功,但仍在劳芬堡被捕并被斩首。在布赖斯高,弗赖堡这时(7月17日)也背叛了与农民的同盟,而且派军队来对付农民;但由于诸侯军力单薄,也于9月18日在这里缔结了奥芬堡条约[81],松德高也一同签署了该条约。黑林山的八路联军和克莱特高农民都还没有解除武装,这时为冯·苏尔茨伯爵的苛政所逼,再次举行起义,于10月间被击溃。11月13日,黑林山农军被迫签订条约[82],12月6日,上莱茵起义的最后一个堡垒瓦尔茨胡特城陷落了。

自从特鲁赫泽斯撤军以来，**阿尔高农军**又向各寺院和城堡进击，并对联盟军队的蹂躏进行有力的报复。他们遭遇的官军为数不多，这种军队只能进行零星的小规模袭击，决不能深入森林追击农军。6月间，在一向恪守中立的梅明根城爆发了反对名门望族的运动。这次运动只是由于偶然碰上了几路能及时赶来支援名门望族的联盟军队，才被镇压下去。平民运动的传教士和领袖沙佩勒尔逃往圣加仑。农民奔往城郊，正想轰击城垣，这时他们获悉特鲁赫泽斯正从维尔茨堡朝他们逼近。7月27日，农民兵分两路取道巴本豪森和上金茨堡迎击特鲁赫泽斯。斐迪南大公再次企图把农民争取到奥地利王室一边来。他根据同农民缔结的停战协定，要求特鲁赫泽斯不要再向农民进逼。可是，士瓦本联盟却命令特鲁赫泽斯向农民进攻，只是不许纵火；然而特鲁赫泽斯非常精明，即使他能够驾驭那些一贯在博登湖到美因河一带逞凶肆虐的雇佣兵，他也决不会放弃他的这种首要的、最起决定性作用的战争手段。农民以伊勒河与洛伊巴斯河为掩护设防，他们约有23 000人之众。特鲁赫泽斯用11 000人面对农民阵地布阵。两军阵地都很坚固。骑士在那样的地势下发挥不了作用。特鲁赫泽斯的雇佣兵在组织、军需供应和纪律方面都比农民强，而阿尔高农军却有大批久经战阵的士兵和经验丰富的军官，并且有很多性能良好的火炮。7月19日，联盟军队开始连续炮击，20日，双方继续炮战，但不分胜负。21日，格奥尔格·冯·弗伦茨贝格率领3 000名雇佣兵加入特鲁赫泽斯的队伍。弗伦茨贝格认识农军中的许多军官，这些军官在远征意大利时曾经是他的部下。于是他就同他们取得联系，进行商谈。在军事手段无济于事的情况下，倒戈阴谋却奏效

了。瓦尔特·巴赫和其他许多军官和炮手都被收买。他们竟让人
将农民的全部库存弹药统统毁掉，并劝说农军作迂回运动。但是，
农军刚刚离开原来的坚固阵地，马上就陷入埋伏，这是特鲁赫泽斯
在同巴赫和其他叛徒串通以后，为对付农军而预设的埋伏。农军
的首领已经成为叛徒，这些人借口进行侦察而离开了队伍，并启程
前往瑞士，因此，农军就更加无法进行自卫了。两个农军纵队全被
击溃，只有洛伊巴斯河的克诺普夫率领的第三纵队还能秩序井然
地撤退。这个纵队在肯普滕附近的科伦贝格山重整旗鼓，却遭到
特鲁赫泽斯的包围。特鲁赫泽斯在这里也不敢进攻他们；他切断
了农军的补给线，并下令放火焚烧周围大约 200 个村庄，企图以此
来瓦解农军的斗志。农民们忍受着饥饿，眼看着自己的家园被大
火焚毁，终于被迫投降了(7 月 25 日)。有 20 多人立即被处死。
洛伊巴斯的克诺普夫是这路农军中唯一不举降旗的领袖，他逃到
了布雷根茨；但是在那里被捕，经过长期监禁之后，被处以绞刑。

　　士瓦本和法兰克尼亚农民战争就这样结束了。

六

　　正当士瓦本地区的那些早期运动爆发的时候,**托马斯·闵采尔**又赶回**图林根**,并且从 2 月底或 3 月初开始定居于帝国直辖自由市**米尔豪森**,这里是他那一派的力量最强的地方。他掌握了整个运动的领导权;他深知在德国南部即将普遍掀起风暴,就着手把图林根变成德国北部运动的中心。他找到的是一块大有可为的地盘。图林根是宗教改革运动的策源地,这里群情万分激昂;由于革命的宗教政治理论广泛传播,特别是由于被压迫农民物质生活十分贫困,邻近的各邦——黑森、萨克森以及哈茨山区也都具备了发动总起义的条件。尤其是在米尔豪森,整个小市民阶级的群众都已经被争取到闵采尔的激进路线一边,并且急切地等待时机,以便凭借他们在人数方面的优势同不可一世的名门望族进行较量。闵采尔为了避免在适当时机到来以前操之过急,不得不亲自出面劝告大家保持冷静;然而他的弟子、在米尔豪森领导运动的普法伊弗却已经动手蛮干起来,将局面弄到使闵采尔无法再延迟起义的地步。1525 年 3 月 17 日,即还在德国南部总起义之前,米尔豪森就已经发生了革命。原有的城市贵族市政会被推翻了,政权掌握在新选出来的"永久市政会"手中,而永久市政会的主席就是闵采尔[83]。

对于激进派的领袖来说,最糟糕的事情莫过于在运动还没有达到成熟的地步,还没有使他所代表的阶级具备进行统治的条件,而且也不可能去实行为维持这个阶级的统治所必须贯彻的各项措施的时候,就被迫出来掌握政权。他**所能**做的事,并不取决于他的意志,而取决于不同阶级之间对立的发展程度,取决于历来决定阶级对立发展程度的物质生活条件、生产关系和交换关系的发展程度。他**所应**做的事,他那一派要求他做的事,也并不取决于他,而且也不取决于阶级斗争及其条件的发展程度;他不得不恪守自己一向鼓吹的理论和要求,而这些理论和要求又并不是产生于当时社会各阶级相互对立的态势以及当时生产关系和交换关系的或多或少是偶然的状况,而是产生于他对于社会运动和政治运动的一般结果所持的或深或浅的认识。于是他就不可避免地陷入一种无法摆脱的进退维谷的境地:他**所能**做的事,同他迄今为止的全部行动,同他的原则以及他那一派的直接利益是互相矛盾的;而他**所应**做的事,则是无法办到的。总而言之,他被迫不代表自己那一派,不代表自己的阶级,而去代表在当时运动中已经具备成熟的统治条件的那个阶级。他不得不为运动本身的利益而维护一个异己阶级的利益,不得不以空话和诺言来对自己的阶级进行搪塞,声称那个异己阶级的利益就是本阶级的利益。谁要是陷入这种窘境,那就无可挽回地要遭到失败。我们在最近还看到过这样的事例;只要回顾一下无产阶级的代表们[84]在最近法国临时政府中的处境就足以证明这一点,虽然他们本身代表的只是无产阶级发展的最低阶段。在有了二月政府——姑且不谈我们的高贵的德国临时政府和帝国摄政政府[85]——的经验以后,谁还指望获得官方地位,那他必定是目光短浅到了极点,再不然就至多是口头上的激进革命派罢了。

　　然而闵采尔作为米尔豪森永久市政会首脑所处的地位,要比任何一个现代革命执政者所处的地位面临更大的风险。不仅当时的运动,就连他所生活的整个世纪,也都没有达到实现他自己刚刚开始隐约意识到的那些思想的成熟地步。他所代表的阶级刚刚处于形成阶段,还远远没有得到充分的发展,也远远没有具备征服和改造整个社会的能力。他所幻想的那种社会变革,在当时的物质条件下还缺乏基础,这些物质条件甚至正在孕育产生一种同他所梦想的社会制度恰恰相反的社会制度。但是,在这种情况下,他仍然不得不恪守自己一向宣讲的关于基督教平等以及按照新教精神实行财产公有的教义;他不能不为实现他的教义至少作一番尝试。当时已经宣布一切财产都归公有,一切人都有同等的劳动义务,一切政府机构都应取消。可是,实际上米尔豪森仍然是一个共和制帝国直辖市,仅仅略带几分民主色彩,拥有一个处于市民大会监督之下的由普选产生的参议会,拥有一个草草组成的贫民救济机构。当时的新教市民们一听说推翻现存社会就惊恐万状;而所谓推翻现存社会,事实上仅限于进行一种软弱而不自觉的尝试,其目的就是提前建立后来的资产阶级社会。

　　闵采尔本人似乎也感觉到了他的理论同他所直接面临的现实之间有一条鸿沟;他的天才观点在他的大批拥护者的愚钝的头脑中越遭到歪曲,这条鸿沟就越明显地呈现在他的面前。他以前所未有的热忱投身于扩大和组织运动的工作;他向四面八方发出信件,派遣使者和密使。他在信件和传教中流露出一种革命的狂热情绪,这种狂热情绪甚至同他本人的早期著作相比也令人震惊。闵采尔在革命前所写的小册子中的那种天真烂漫的幽默情趣完全

六

消失了,他早年惯用的那种思想家的平静练达的笔调再也看不到
了。闵采尔此时已经完全成为革命的先知;他不断激起群众对统
治阶级的仇恨,激发狂放不羁的热情,所用的完全是旧约中的先知
表达宗教狂热和民族狂热的那种激烈的语调。从闵采尔这时努力
追求的文风就可以看出,他所要影响的民众究竟具有什么样的文
化水平。

米尔豪森的示范作用和闵采尔的宣传鼓动很快就在远近各地
产生了影响。在**图林根**,在**艾希斯费尔德**,在**哈茨山**,在**萨克森公
爵领地**,在**黑森**和**富尔达**,在**上法兰克尼亚**,在**福格特兰**,农民到处
起义,集结成农军并烧毁城堡和寺院。闵采尔一般被公认为整个
运动的领袖,而米尔豪森始终是运动的中心。这时在爱尔福特有
一个纯粹市民阶级的运动获得了胜利,在当地占统治地位的一派
一直对农民采取暧昧的态度。

在图林根,诸侯面对农民一开始也惊惶失措、束手无策,就同
法兰克尼亚和士瓦本的情况一样。直到4月的最后几天,黑森邦
伯才拼凑成一支军队——这个邦伯就是菲力浦,新教和资产阶级
有关宗教改革的史籍对他的虔诚盛加赞扬,而我们却要在这里简
要地揭露他对农民采取的卑鄙手段。菲力浦邦伯通过几次迅速进
兵和断然行动,很快就平定了他的绝大部分领地,然后招募新兵,
侵入直到当时还是他的采邑领主的富尔达修道院院长①的领地。
5月3日,他在弗劳恩贝格击败了富尔达的农军,平定了全境,并
乘此机会不仅摆脱了修道院院长的统治,甚至还把富尔达修道院
院长领地变成一块黑森采邑——当然,他是准备日后再把这些教

———————
① 　约·亨讷贝格。——编者注

111

会领地变为世俗领地。然后他就攻下爱森纳赫和朗根萨尔察,并同萨克森公爵部队汇合,进攻起义大本营米尔豪森。闵采尔在弗兰肯豪森附近集结了他的大约 8 000 人的军队,并配备了一些大炮。图林根农军的战斗力远不及上士瓦本和法兰克尼亚的部分农军在同特鲁赫泽斯周旋时所发挥的战斗力;这支农军装备很差,纪律松弛,打过仗的老兵很少,各级领导者都非常缺乏。闵采尔本人显然没有任何军事知识。尽管如此,诸侯还是认为在这里适于采取特鲁赫泽斯常常用以取胜的策略:背信食言。5 月 16 日,他们开始谈判,缔结了一项停战协定,但后来却在停战期满之前,突然袭击农民。

闵采尔率领他的人马驻扎在今天仍称为战斗山的阵地上,以车垒[86]为掩护。农军士气日益低落。诸侯许下诺言,如果农军活捉闵采尔并且把他献出来,就可以得到宽赦。闵采尔让大家围成一个圆圈,并让大家讨论诸侯的要求。一个骑士和一个教士表示赞成投降;闵采尔立刻喝令把他们俩带到圆圈中间,当场斩首示众。这一果断有力的威慑行动受到了坚定的革命者的欢呼,农军又略为稳住了阵脚;但是,如果后来不是有人发现诸侯雇佣兵在包围全山之后不顾停战协定而以密集队形攻上山来,绝大部分农军最后还是会不战而逃的。农军在车垒后面迅速摆开阵势,但是炮弹和枪弹已经向自卫能力丧失殆半而又不习惯于作战的农民飞来,雇佣兵已经冲到车垒前面了。经过短暂的抵抗之后,车垒防线被突破,农民的大炮被夺,整个队伍都被击溃了。他们四散奔逃,溃不成军,结果就更容易落入包抄过来的部队和骑兵的手中,这些部队杀得农民尸横遍野,血流成渠。8 000 个农民中有 5 000 多人被杀;剩余的农军逃往弗兰肯豪森城中,而诸侯的骑兵也同时进了城。该城失守。闵采尔头部负伤,在一间房子里被发现而就擒。5月25日,米尔豪森也宣布投降;一直留守该城的普法伊弗逃脱了,但在爱森纳赫地区被捕。

闵采尔在诸侯面前遭到严刑拷问,然后被斩首。他毕生英勇果敢,在走向刑场时,依然充满大无畏的精神。他被害时至多不过28岁。普法伊弗也被斩首,此外还有无数人也遭到杀害。在富尔达,那位上帝的虔诚信徒黑森的菲力浦开始制造血案;他和萨克森诸侯下令用剑杀死造反的人,在爱森纳赫杀死24人,在朗根萨尔察杀死41人,在弗兰肯豪森战斗以后杀死300人,在米尔豪森杀死100多人,在格尔马尔附近杀死26人,在廷格达附近杀死50人,在桑格豪森附近杀死12人,在莱比锡杀死8人,至于被打成残废的、受刑较轻的,以及城市村庄被洗劫被焚毁的事,就更不在话下了。

米尔豪森不得不放弃帝国直辖自由市的权利而被并入萨克森领土,正如富尔达的修道院辖区被并入黑森邦伯领地一样。

诸侯率军穿过图林根林山,这时从比尔德豪森营寨开来的法兰克尼亚农民已经在这里同图林根农民会合,并烧毁了许多城堡。诸侯军队同农民会战于迈宁根城下;农民被击败,向城中撤退。迈宁根城突然关闭城门,并威胁要从背后进攻他们。农军因同盟者倒戈而陷入困境,只好向诸侯投降,并且还在谈判过程中就已经溃散了。比尔德豪森营寨早已**解散**;因此这支农军溃散以后,萨克森、黑森、图林根和上法兰克尼亚的起义者最后的残部就被消灭了。

阿尔萨斯的起义比莱茵河右岸的起义爆发得晚一些。斯特拉斯堡主教管区的农民临近4月中才开始起义,接着,上阿尔萨斯和松德高农民也揭竿而起。4 月 18 日,一支下阿尔萨斯农军洗劫了阿尔托夫寺院;另外几支农军在埃伯斯海姆和巴尔附近以及在维勒河谷和乌尔比斯河谷也建立起来了。这些农军很快就集结在一起,组成了下阿尔萨斯农民大军,并筹划攻占城市和村镇、捣毁寺院。各地都要求每三个男人就要征召一人编入农军。这支农军的十二条款比士瓦本—法兰克尼亚农军的条款要激进得多[87]。

下阿尔萨斯农军的一个纵队于 5 月初集中在圣伊波利特附近,企图夺取该城而没有成功,但是他们在各地市民的赞同下,于 5 月 10 日占领了贝格海姆,13 日占领了拉波茨韦勒,14 日占领了赖兴魏尔。在此期间,第二个纵队由埃拉斯穆斯·格尔伯率领踏上征途,试图袭击斯特拉斯堡,但没有成功,于是这个纵队就向孚日山脉进发,捣毁了毛尔斯明斯特寺院并围攻察伯恩,该城于 5 月 13 日向农军投降。他们由此地向洛林边境进发,并在与边境毗连的公爵领地上发动起义,同时还在山区各关隘布防。农军在萨尔河畔埃比泽姆附近和诺伊堡附近建立了庞大的营寨;在萨尔格明德附近有 4 000 个德意志的洛林农民构筑了防线;最后还有两支农军先头部队掩护前线和右翼,一支是孚日山脉的科尔本农军在斯蒂泽尔布罗恩附近,一支是克莱堡农军在魏森堡附近,而左翼则延伸到上阿尔萨斯农军的驻地。

上阿尔萨斯农军从 4 月 20 日开始行动,相继于 5 月 10 日、5 月 12 日、5 月 15 日迫使苏尔茨、盖布韦勒、森海姆及其附近地区同农民结盟。奥地利政府同周围的帝国直辖市虽然立即联合起来反对他们,但由于力量太弱,无法对他们进行顽强的抵抗,更不用说进攻他们了。因此,除了少数几个城市以外,整个阿尔萨斯到 5 月中旬都已经掌握在起义者手中。

但是,这时官军已经逼近,准备镇压奋起造反的阿尔萨斯农民。这些官军是**法国人**,他们在这里复辟了贵族统治。洛林的安东公爵早在5月6日就率领一支3万人的队伍出发了,这支队伍里有法国贵族的精兵,有西班牙、皮埃蒙特、伦巴第、希腊和阿尔巴尼亚的援军。5月16日,安东公爵在卢普施泰因附近同4 000名农民遭遇,不费什么气力就把农民打败了,17日他已迫使被农民占领的察伯恩向他投降。可是,还在洛林官军进城并解除农民武装的过程中,投降协议就被撕毁了;毫无防备的农民遭到了雇佣兵袭击,绝大部分被杀。其余的下阿尔萨斯农军各部队都自行解散了,于是安东公爵就向上阿尔萨斯农军进攻。上阿尔萨斯农军曾经拒绝开到察伯恩支援下阿尔萨斯农军,此时就在舍尔韦勒附近遭到洛林官军的全力猛击。他们抵抗得非常勇敢,但由于敌人拥有极大的优势——3万人对7 000人,由于一部分骑士,特别是赖兴魏尔城的地方长官①投敌叛变,所以他们虽然以巨大的勇气拼死抵抗,但结果仍然遭到挫败。上阿尔萨斯农军被彻底击败而溃散了。于是公爵以惯用的残酷手段平定了阿尔萨斯全境。只有松德高没有受到公爵的蹂躏。奥地利政府于是扬言要把公爵请到国内来,胁迫本国农民于6月初缔结了恩西斯海姆协定。但是过了不久,奥地利政府就撕毁了这个协定,并把运动的鼓吹者和领袖成批绞死。农民于是再次举行起义,这次起义一直到松德高农民加入奥芬堡协定时(9月18日)才告结束。

现在只剩下**奥地利阿尔卑斯山区**的农民战争还需要加以介绍。自从恢复旧权利运动以来,这一地区以及毗邻的**萨尔茨堡大**

---

① 乌·拉波尔特施泰恩。——编者注

主教管区始终都在反对政府和贵族,这里也是广泛传播改革教义的沃土。宗教迫害和横征暴敛促使起义爆发。

萨尔茨堡城在农民和矿工的支持下,从 1522 年以来就因该城的城市特权和宗教事务而同大主教①发生争执。1524 年底,大主教命令招募来的雇佣兵袭击这座城市,用城堡上的大炮进行威胁,并迫害异教的传教士。同时,他还征收新的苛捐杂税,从而激起了全城居民的极大愤慨。1525 年春,就在士瓦本—法兰克尼亚起义和图林根起义爆发的时候,整个萨尔茨堡地区的农民和矿工也突然举行起义,组成以**普拉斯勒**和**魏特莫泽尔**为首领的农军,解放了这座城市,并围攻萨尔茨堡城堡。他们同德国西部农民一样结成基督教同盟,并且把他们的要求编成条款。这里的条款有十四条。

在**施泰尔马克**、**上奥地利**、**克恩滕**和**克赖因**,新的非法的赋税、关税和规定严重地损害了人民的切身利益,农民于 1525 年春举行起义。他们占领了一些城堡,并且在哥伊斯附近打败了曾经镇压过恢复旧权利运动的老将——步兵统领迪特里希施坦。虽然政府采取欺骗手法招抚了一部分起义者,可是大多数人仍然保持团结,并同萨尔茨堡农民实现了联合,这样一来,农民和矿工就控制了整个萨尔茨堡地区以及上奥地利、施泰尔马克、克恩滕和克赖因的绝大部分区域。

在蒂罗尔,改革的教义同样深入人心。闵采尔的密使曾在这里进行活动,其成效甚至比在奥地利阿尔卑斯山区其他各地更为明显。斐迪南大公也在这一地区迫害新教义的传教士,并且也以新的专横的财政措施侵犯居民权利。结果同其他各地一样,这里

---

① 马·朗格。——编者注

也在 1525 年春爆发了起义。起义者的最高首领盖斯迈尔是闵采尔派,他是全部农民首领中唯一具有卓越军事才能的人。起义者夺取了许多城堡,并对僧侣采取了严厉的措施,尤其在南部,在埃奇河地区更是如此。福拉尔贝格农民也举行了起义,并参加了阿尔高农军。

大公从各方面受到了压力,于是接二连三地对造反者作出让步,可是就在不久以前,他还企图用烧杀掳掠的手段消灭这些造反者。他召集了各世袭领地的议会,并在议会开会前同农民缔结了停战协定。在这期间他集结力量,以求尽快地用另一套语言去教训这些奋起造反的人。

这个停战协定自然没有实施多久。迪特里希施坦由于耗尽了钱财,便开始在公爵领地内进行搜刮。他的斯拉夫族部队和马扎尔族部队又肆意对居民进行无耻的蹂躏。于是施泰尔马克人民再次举行起义,在 7 月 2—3 日的夜间,他们在施拉德明袭击步兵统领迪特里希施坦,把所有不说德语的人都杀了。迪特里希施坦本人被俘。3 日早晨,农民组成陪审法庭,把俘虏中的 40 个捷克贵族和克罗地亚贵族判处死刑。这些贵族立即被斩首。这件事起了作用;大公立刻答应了五个公爵领地(上奥地利和下奥地利、施泰尔马克、克恩滕、克赖因)内各等级的一切要求。

在蒂罗尔,议会的要求也得到批准,因而北部就被平定了。然而南部人民仍然坚持原先的要求,不同意议会的软弱决议,仍然没有放下武器。直到 12 月,大公才在这里用武力恢复了秩序。他毫不犹豫地处决了一大批落到他手中的暴动策划者和领袖。

8 月,格奥尔格·冯·弗伦茨贝格率领 1 万名巴伐利亚士兵向萨尔茨堡开来。由于这支强大军队的到来,加上农民之间出现了纷争,这就促使萨尔茨堡起义者同大主教缔结协定。协定在 9 月 1 日订立,大公也对此表示接受。然而这两个诸侯在此期间增补了足够的兵力以后,便立即撕毁协定,因而迫使萨尔茨堡农民再次举行起义。起义农民坚持了一个冬天;春天,盖斯迈尔来到他们这里,并同来自各方面的官军展开了战绩辉煌的较量。在 1526 年 5—6 月间,他在一系列出色的战斗中先后打败了巴伐利亚军、奥地利军、士瓦本联盟军和萨尔茨堡大主教雇佣兵,并且阻击了各路敌军,使之久久不能汇合。在这期间,盖斯迈尔还找到了围攻拉德施塔特的机会。最后,由于被优势敌军团团围住,他被迫退却,杀出重围,率领残部穿过奥地利阿尔卑斯山,到达威尼斯境内。威尼斯共和国和瑞士成了这位不屈不挠的农民领袖进行新的密谋活动的据点;他活动了一年之久,想把这两个国家卷入对奥战争,如果成功了,那他就有可能重新掀起农民起义。可是在洽谈过程中,他竟死于刺客之手。只要盖斯迈尔还活着,斐迪南大公和萨尔茨堡大主教[1]就不得安宁。他们收买了一个匪徒,这个匪徒于 1527 年杀害了这位危险的造反者。[2]

---

[1] 马·朗格。——编者注
[2] 米·盖斯迈尔于 1532 年 4 月 15 日被杀害。——编者注

七

　　盖斯迈尔退到威尼斯境内以后,农民战争的最后一幕就告结束了。各处农民再度遭受他们的教会领主、贵族领主或城市贵族领主的奴役;各地同农民缔结的协定都被撕毁,胜利者对战败者极尽掠夺搜刮之能事,因而使农民承受的负担比以前更加沉重了。德国人民进行的最伟大的革命尝试,以屈辱的失败而告终,而且一时还受到加倍的压迫。然而从长远来看,农民阶级的状况并没有因为起义遭到镇压而更加恶化。凡是贵族、诸侯和僧侣能够年复一年地从农民身上榨取的东西,他们在战前就已经榨取到了;当时德国农民从自己的劳动产品中所得到的份额,仅限于维持自己生存以及延续后代所必需的最低限度的一部分生活资料,这一点同现代无产者是一样的。所以,一般说来农民身上再也没有什么东西可以榨取了。许多富裕中农自然是破了产,大批依附农则被迫去充当农奴,公社的整片地产被没收,大批农民由于家宅被毁、田园荒芜,由于社会动荡而被迫流浪,或成为城市平民。但是战争和破坏是那个时代习以为常的现象,而且一般说来,农民阶级的生活水平已经低到极点,以致不可能通过增加赋税而使他们的生活状况持续恶化下去。接踵而来的历次宗教战争,以及最终爆发的那场一再造成巨大破坏和人口锐减的三十年战争[88]，使农民遭受灾难的深重程度远远超过农民战争；尤其是三十年战争，毁灭了农业生产中最主要的一部分生产力，同时又摧毁了许多城市，从而使农民、平民和破产市民长期陷入一贫如洗的苦难深渊。

遭受农民战争打击最大的是**僧侣**。他们的寺院和教堂被焚毁，他们的金银财宝被抢走，不是卖给外国，就是入炉熔化了，他们贮存的物资都耗尽了。他们在各地的抵抗力最薄弱，而人民仇恨的怒火完全集中在他们身上。其他等级，即诸侯、贵族和市民阶级，甚至眼看高级教士陷入窘境成了众矢之的而暗中称快。农民战争普遍推广了将教会财产收归俗用以利农民的做法，而世俗诸侯以及一些城市则极力设法按照对**他们**最有利的方式将教会财产收归俗用，在新教各邦中，高级教士的产业很快就转入诸侯或名门望族手中。甚至连僧侣诸侯的权势也已受到侵犯，世俗诸侯则很善于从这方面去利用人民的仇恨。例如，我们看到，富尔达修道院院长①是如何从黑森的菲力浦的采邑领主地位降为他的臣属的。又如，肯普滕城竟强迫拥有诸侯封号的修道院院长②把他在该城享有的一系列重要特权廉价地卖给该城。

贵族也同样受到沉重的打击。他们的城堡大半被毁，一些极其显赫的家族破落了，只有靠为诸侯效劳来维持生存。他们在农民面前无疑是不堪一击的；他们到处都被击败，被迫投降；只有诸侯的军队才挽救了他们。他们日益丧失其帝国直属等级的重要地

---

① 约·亨讷贝格。——编者注
② 塞·冯·布赖滕施泰因。——编者注

位而处于诸侯的统治之下。

整个看来,**城市**也没有从农民战争中得到什么好处。名门望族的统治几乎到处都重新得到巩固;市民阶级反对派很久都不能复原。城市贵族旧时的陈规惯例一直沿袭到法国革命时期,使工商业在各个方面都受到了束缚。诸侯们认为,市民派或平民派在斗争期间只是靠了城市才得势于一时,所以城市要对此事负责。一些原先就隶属于诸侯领地的城市(例如弗兰肯豪森、阿恩施塔特、施马尔卡尔登、维尔茨堡等)遭到了残酷的敲诈勒索,这些城市的特权被剥夺,面对贪婪专横的诸侯,只能任其摆布;另一些帝国直辖市(例如米尔豪森)则被并入诸侯领地,或者像法兰克尼亚的许多帝国直辖市那样,至少要由毗邻的诸侯兼管。

在这种情况下,唯一从农民战争的结局中捞到好处的是**诸侯**。本文一开头就已经谈到,德国工商业和农业的发展水平不高,使德国人根本不可能通过集权构成一个**国家**,这种发展状况只能造成局部的和省区的集权,因而在分裂状态下代表这种局部的和省区的集权势力的诸侯,便成了从现存社会政治关系的每一次变动中都必然得到好处的唯一等级。当时德国的发展水平是如此低下,同时各省区的发展水平又是如此参差不齐,致使在世俗诸侯领地之外,还有行使主权的僧侣管区、城市共和国以及拥有主权的伯爵和男爵能够同时并存;但是这种发展尽管十分迟缓无力,却不断地推动**省区的**集权,也就是说,它迫使其余的帝国等级屈从于诸侯的统治。因此,在农民战争结束的时候,只有诸侯才能从中得利。事实也正是如此。诸侯不仅由于僧侣、贵族和城市这些竞争者被削弱而得到相对的好处,他们还从其他所有等级那里夺走了主要战利品［spolia opima］,从而得到绝对的好处。教会财产以最有利于他们的方式变成了世俗财产;一部分接近破落或完全破落的贵族不得不逐渐屈服于他们的统治;向城市和农民搜刮勒索来的金钱都源源流入他们的金库,同时由于取消了那么多城市特权,他们在财政措施上就更可以为所欲为了。

德国分裂割据状态的加剧和巩固是农民战争的主要结果,同时也是农民战争失败的原因。

我们已经看到,德国当时处于怎样的分裂割据状态,它不仅分成无数独立的、彼此毫不相干的省区,而且整个国家在每一个这样的省区都分裂为多层次的等级和等级集团。除了诸侯和僧侣之外,在农村中还有贵族和农民,在城市里还有城市贵族、市民和平民,所有这些等级的利益即使不是针锋相对、水火不容,也是彼此毫不相干的。在所有这些复杂的利害关系之上,还有皇帝和教皇的利害关系。我们已经看到,这些不同的利害关系最后是怎样缓慢地、勉强地、因地而异地形成了三大派;尽管好不容易才形成这几派,每一等级却还是违背现存条件给国家发展所规定的方向,各行其是地去开展自己的运动,因而不仅同所有的保守派等级发生冲突,而且也同其他所有的反对派等级发生冲突,最后势必遭到失败。济金根起义中的贵族是这样,农民战争中的农民是这样,整个温和的宗教改革运动中的市民也是这样。甚至农民和平民在德国大多数地区也没有采取共同行动,而是互相掣肘。我们也已经看到,究竟是什么原因使阶级斗争如此零散,因而使革命运动遭到完全失败,使市民阶级运动半途而废。

地方和各省区的分裂割据状态以及由此必然产生的地方和省

区的狭隘性断送了整个运动;无论是市民,还是农民和平民都没有采取过集中的全国性的行动;例如农民们在每个省区都各行其是,从来不愿支援邻区的起义农民,因而在各次战斗中相继被官军歼灭,而官军人数往往不到起义者总数的十分之一——所有这一切,读者都可以从上面的阐述中看得一清二楚。某些农军同敌人缔结的各种停战协定和协议无异于对共同事业的背叛,而唯一能使各路农军实现联合的原因,并不在于他们自己或多或少地采取了共同的行动,而在于使他们吃了败仗的各种各样的敌人采取了共同的行动,这种情形最鲜明地说明了各省区农民互不关心的毛病严重到了什么程度。

我们在这里又很自然地看到同 1848—1850 年的运动相似的情况。在 1848 年,反对派各阶级的利益也互相冲突,每一个阶级都自行其是。资产阶级虽然已经有了很大的发展,以致无法再忍受封建官僚专制制度,但是,它的力量还不足以马上使其他阶级的要求服从它自己的要求。无产阶级的力量还很薄弱,不能指望它迅速跳过资产阶级阶段而立即夺取政权,但是,它在专制制度下已经深刻地体验到了资产阶级统治的滋味,而且总的说来,它已经有了很大的发展,因而决不会再把资产阶级的解放看成它自身的解放。本国的多数群众,即小资产者、小资产者的同伴(即手工业者)和农民,已经被暂时还是他们的天然同盟者的资产阶级所抛弃,因为资产阶级认为他们过于革命;在某些地方,他们又被无产阶级所抛弃,因为无产阶级认为他们不够先进;而他们自己中间也存在分歧,所以一事无成,而且对左右两面同是反对派的人们都持反对态度。最后可以这样说,1525 年在农民中表现出来的地方狭隘性并不比 1848 年参加运动的所有阶级所表现的地方狭隘性更严重。成百次的地方性革命,紧跟着发生的成百次横行无阻的地方性反革命,小邦分立状态保持不变等等,这一切都令人信服地证明了上述情况。**谁要是在 1525 年和 1848 年两次德国革命及其结局之后还想入非非地谈论什么联邦共和国,那么他就没有别的去处,只配送入疯人院。**

然而这两次革命,即 16 世纪的革命和 1848—1850 年的革命,尽管十分相似,但也有很明显的本质的区别。1848 年的革命即使没有证明德国的进步,却也证明了欧洲的进步。

从 1525 年的革命中得到好处的是谁呢? 诸侯。从 1848 年的革命中得到好处的是谁呢? **大诸侯**,即奥地利和普鲁士。站在 1525 年的小诸侯背后的,是用赋税锁链把这些小诸侯束缚起来的小市民;站在 1850 年的大诸侯背后,即站在奥地利和普鲁士背后的,是很快就通过国债制服这些大诸侯的现代大资产者。而站在大资产者背后的则是无产者。

1525 年的革命是一次德国的地方性事件。当德国人进行农民战争的时候,英国人、法国人、波希米亚人、匈牙利人都已进行过他们的农民战争了。德国当时已经四分五裂,而欧洲四分五裂的状况就更为严重。1848 年的革命并不是德国的地方性事件,它是伟大的欧洲事件的一个部分。在 1848 年革命的整个进程中,它的动因并不是局限于一个国家的狭窄范围之内,甚至也不是局限于一个洲的狭窄范围之内。可以说,曾经作为这次革命的舞台的那些国家,对于这次革命的发生所起的作用恰恰最少。这些国家或多或少是一些没有意识、没有意志的原料,将在目前席卷整个世界的一场运动的进程中受到改造。这场运动在我们的现存社会制度下看起来当然只能是一种外来的力量,但它归根结底正是我们自己的运动。因此,1848—1850 年的革命就不可能像 1525 年的革命那样结束。

弗·恩格斯写于 1850 年夏秋　　　　　原文是德文

载于 1850 年《新莱茵报。政治　　　　选自《马克思恩格斯文集》第 2 卷
经济评论》第 5—6 期　　　　　　　第 220—319 页

附　　录

弗·恩格斯

*论封建制度的瓦解和
民族国家的产生[89]

　　当居于统治地位的封建贵族的疯狂争斗的喧嚣充塞着中世纪的时候,被压迫阶级的静悄悄的劳动却在破坏着整个西欧的封建制度,造成封建主的地位日益削弱的局面。固然,在农村里贵族老爷们还是作威作福,折磨农奴,靠他们的血汗过着奢侈生活,骑马践踏他们的庄稼,强奸他们的妻女。但是,周围已经兴起了城市:在意大利、法国南部和莱茵河畔,古罗马的自治市从灰烬中复活了;在其他地方,特别是在德意志内部,兴建着新的城市;这些城市总是用护城墙和护城壕围绕着,只有用大量军队才能攻下,因此是比贵族的城堡坚固得多的要塞。在这些城墙和城壕的后面,发展了中世纪手工业(十足行会的和小规模的),积累起最初的资本,产生了城市相互之间和城市与外界之间商业来往的需要,而与此同时,也逐渐产生了保护这种商业来往的手段。

　　在15世纪,城市市民在社会中已经比封建贵族更为不可或缺。诚然,农业仍旧是广大居民的营生,因而是主要的生产部门。但是,少数分散的在某些地方顶着贵族的侵夺而保存下来的自由农民却充分证明,在农业中重要的并不是贵族的寄生和压榨,而是农民的劳动。而且,贵族的需要也大大增加和改变了,甚至对于他们来说城市也是不可或缺的了;他们唯一的生产工具(铠甲和武器)还是从城市得到的! 本国的织物、家具和装饰品,意大利的丝织品,布拉班特的花边,北方的毛皮,阿拉伯的香水,黎凡特的水果,印度的香料——所有这一切,除了肥皂以外,贵族都是从市民那里买到的。某种程度的世界贸易发展起来了;意大利人在地中海上航行,并越过地中海沿大西洋岸直达佛兰德;汉撒同盟[28]的人在荷兰人和英国人加紧竞争的情况下仍然控制着北海和波罗的海。北方和南方各海上贸易中心之间通过陆地保持联系,实现这种联系的道路经过德意志。贵族越来越成为多余并且阻碍着发展,而城市市民却成为体现着进一步发展生产、贸易、教育、社会制度和政治制度的阶级了。

从今天的观点来看,生产和交换的这一切进步实际上是极其有限的。生产仍然被纯粹行会手工业的形式束缚着,因而本身还保持着封建的性质。贸易仍然停留在欧洲水域之内,并且没有越出与远东国家交换产品的黎凡特沿海城市。但是不管手工业以及经营手工业的市民多么弱小,多么受限制,他们还是有足够的力量来变革封建社会;他们至少一直在前进,而贵族却是停滞不动的。

此外,城市的市民阶级还有一件对付封建主义的有力武器——**货币**。货币在中世纪早期的典型封建经济中几乎是没有地位的。封建主或者是以劳役形式,或者是以实物形式,从他的农奴那里取得他所需要的一切。妇女纺织亚麻和羊毛,缝制衣服;男人耕田;儿童放牧主人的牲口,给主人采集林果、鸟窝和垫圈草;此外,全家还要交纳谷物、水果、蛋类、奶油、干酪、家禽、幼畜以及其他许多东西。每一座封建庄园都自给自足,甚至军役也是征收实物。没有商业来往和交换,用不着货币。那时欧洲被压制得处于很低的水平,一切都得再从头做起,因而货币当时所具有的社会职能比它的纯粹政治职能小得多:货币是**纳税**用的,并且主要靠**掠夺**取得。

现在所有这一切都完全改变了。货币重新成为普遍的交换手段,因而货币量大大增加。贵族没有货币也不行了。但是,因为他们很少有或者说没有东西可卖,再加上这时掠夺也完全不再那么容易,所以他们不得不决定向城市的高利贷者借贷。骑士的城堡在被新式火炮轰开以前很久,就已经被货币破坏了。实际上,火药可以说只是为货币服务的法警而已。货币是市民阶级的巨大的政治平衡器。凡是在货币关系排挤了人身关系、货币贡赋排挤了实物贡赋的地方,封建关系就让位于资产阶级关系。虽然在大多数情况下农村中继续存在着古老朴拙的自然经济,但是已经有整个地区,例如在荷兰、比利时和下莱茵,农民都向主人缴纳货币,而不是徭役租和实物租了;在那里,主与奴在向地主与佃农的过渡中已经迈出了决定性的第一步,因而封建主义的政治制度在农村中也丧失了它的社会基础。

在15世纪末,货币已经把封建制度破坏和从内部侵蚀到何等程度,从西欧在这一时期被黄金热所迷这一点看得很清楚。葡萄牙人在非洲海岸、印度和整个远东寻找的是**黄金**;黄金一词是驱使西班牙人横渡大西洋到美洲去的咒语;**黄金**是白人刚踏上一个新发现的海岸便要索取的第一件东西。这种到远方去冒险寻找黄金的渴望,虽然最初是以封建和半封建形式实现的,但是从本质上来说已经与封建主义不相容了,封建主义的基础是农业,它对外征讨主要是为了**取得土地**。而且,航海业是确确实实的**资产阶级的**行业,这一行业也在所有现代的舰队上打上了自己的反封建性质的烙印。

因此,15 世纪时,封建制度在整个西欧都处于十分衰败的状态。在封建地区中,到处都搀入了有反封建的要求、有自己的法和武装市民的城市;它们通过货币,已经在一定程度上使封建主在社会方面甚至有的地方在政治方面从属于自己;甚至在农村中,在农业由于特别有利的条件而得到发展的地方,旧的封建桎梏在货币的影响下也开始松动了;只有在新征服的地方,例如在易北河以东的德意志,或者在其他远离通商道路的落后地区,才继续盛行旧的贵族统治。但是,无论在城市或农村,到处都增加了这样的居民,他们首先要求结束连绵不断毫无意义的战争,停止那种总是引起内战——甚至当外敌盘踞国土时还在内战——的封建主之间的争斗,结束那种不间断地延续了整个中世纪的、毫无目的的破坏状态。这些居民本身还过于软弱,不能实现自己的愿望,所以就向整个封建制度的首脑即王权寻求有力的支持。在这里,我们就从探讨社会关系进入探讨国家关系,从经济方面转到政治方面来了。

从中世纪早期的各族人民混合中,逐渐发展起新的民族[Nationalitäten],大家知道,在这一发展过程中,大多数从前罗马行省内的被征服者即农民和市民,把胜利者即日耳曼统治者同化了。因此,现代的民族[Nationalitäten]也同样是被压迫阶级的产物。关于怎样在一个地方发生了融合,而在另一个地方却发生了分离,我们从门克编制的中洛林各区地图上①可以看到一个明确

---

① 恩格斯在这里加了一个注:"卡·施普鲁纳和泰·门克《中古史和近代史袖珍地图集》1874 年哥达第 3 版第 32 图。"——编者注

的图景。只要看一下这个地图上的罗曼语和德语地名的分界线就会确信,这条分界线在比利时和下洛林一段上,和一百年前法语与德语的分界线基本上是一致的。某些地方还可以看到狭窄的争议地带,即两种语言争夺优势的地方;但是大体上已确定,哪儿应该仍然是德语地区,哪儿应该仍然是罗曼语地区。地图上大多数地名所具有的古下法兰克语形式和古高地德语形式证明,它们属于9世纪,最迟是10世纪的,所以,分界线到加洛林王朝末期就已经基本上划定了。在罗曼语的那一面,特别是在语言分界线附近,可以找到由德语的人名和罗曼语的地名合成的混合地名,例如,在马斯河以西凡尔登附近有: Eppone curtis, Rotfridi curtis, Ingolini curtis, Teudegisilo-villa,即今天的伊佩库尔、勒库尔-拉克勒、艾尔河畔昂布兰库尔、梯也尔维尔。它们是罗曼语土地上的法兰克封建主领地、小块德意志移民区,先后被罗曼化了。在城市和某些农村地区有较大的德意志移民区,它们较长时间保留了自己的语言,例如《路易之歌》[90]就是9世纪末从这样一个移民区里出现的;但是,842年的国王和王公的誓文[91](在誓文中罗曼语已经作为法兰克王国的正式语言出现)则证明,法兰克的大部分封建主在更早的时候就已罗曼化了。

　　语族一旦划分(撇开后来的侵略性的和毁灭性的战争,例如对易北河地区斯拉夫人[92]的战争不谈),很自然,这些语族就成了建立国家的一定基础,民族[Nationalitäten]开始向民族[Nationen]发展。洛林这个混合国家[93]的迅速崩溃,说明了早在9世纪的时候这一自发过程就已何等强烈。虽然在整个中世纪时期,语言的分界线和国家的分界线远不相符,但是每一个民族[Nationalität],也许意大利除外,在欧洲毕竟都有一个特别的大的国家成为其代表;所以,日益明显日益自觉地建立民族国家[nationale Staaten]的趋向,成为中世纪进步的最重要杠杆之一。

在每一个这种中世纪的国家里,国王高踞于整个封建等级制的顶端,是附庸们不能撇开不要的最高首脑,而同时他们又不断反叛这个最高首脑。整个封建经济的基本关系(分封土地以取得一定的人身劳役和贡赋),在处于最初和最简单的形式时,就已经为斗争提供了充分的材料;特别是当有这样多的人有意寻衅的时候更是如此。而到中世纪后期,当各地的采邑关系造成了一团乱麻般的权利和义务——赐给的、剥夺的、重新恢复的、因罪过丧失的、作了改变的或另作限制的——,而这团乱麻又无法解开的时候,情况是怎样的呢? 例如,大胆查理在他的一部分土地上是皇帝的臣仆,而在另一部分土地上则是法兰西国王的臣仆;但另一方面,法兰西国王,即大胆查理的领主,在某些地区同时又是其附庸大胆查理的臣仆。这样,冲突怎能避免呢? 因此,才有向心力和离心力在漫长的世纪中变化不定地起着作用,向心力使附庸归向中心即王权,因为只有这个中心才能保护他们防御外敌和互相防御,而向心力则经常地、必然地变为离心力;因此,便有了王权和附庸之间的不断的斗争,他们的疯狂的喊叫在这整个漫长时期中淹没了一切,这时掠夺是自由的男子唯一值得干的行业;因此,才发生无穷无尽的、接连不断的一大串背叛、暗杀、毒害、阴谋和各种简直无法想象的卑鄙勾当,这些勾当又都隐藏在骑士精神的美名之下,并且不断地被传颂为荣誉和忠诚。

在这种普遍的混乱状态中,王权是进步的因素,这一点是十分清楚的。王权在混乱中代表着秩序,代表着正在形成的民族[Nation]而与分裂成叛乱的各附庸国的状态对抗。在封建主义表层下形成的一切革命因素都依赖王权,正像王权依赖它们一样。王权和市民阶级的联盟发端于 10 世纪;这一联盟往往因冲突而破裂(要知道在整个中世纪期间,事情并不是一直朝一个方向发展的),破裂后又重新恢复,并且越发巩固、越发强大,直到这一联盟帮助王权取得最后胜利,而王权则以奴役和掠夺回报它的盟友。

无论国王或市民,都从新兴的**法学家**等级中找到了强大的支持。随着罗马法被重新发现,教士即封建时代的法律顾问和非宗教界的法学家之间出现了分工。不言而喻,这批新的法学家一开始在实质上就属于市民等级;而且,他们本身所学的、所教的和所应用的法律,按其性质来说实质上也是反封建的,在某些方面还是市民阶级的。罗马法是纯粹私有制占统治的社会的生活条件和冲突的十分经典性的法律表现,以致一切后来的立法都不能对它做任何实质性的修改。但是,中世纪的市民阶级所有制还同封建的限制密切交织在一起,例如,这种所有制主要由特权构成。因此,从这个意义上来说,罗马法比当时的市民阶级的关系要先进得多。但是,市民阶级所有制在历史上的进一步发展,只能使这种所有制变成纯粹的私有制,而实际情况也正是如此。这种发展理应在罗马法中找到强大的助力;因为在罗马法中,凡是中世纪后期的市民阶级还在不自觉地追求的东西,都已经现成地存在了。

诚然,在很多情况下,罗马法为贵族进一步压迫农民提供了借口,例如,当农民不能提出书面证明使自己免除普通的义务的时候就是这样。但这并没有使问题的实质有所改变。即使没有罗马法,贵族也能找到各种这样的借口,并且每天都在找到这样的借口。不管怎样,实施这种绝对不承认封建关系和充分预料到现代私有制的法律,是一个重大的进步。

我们已经看到,在中世纪后期的社会中,封建贵族是怎样在经济方面开始成为多余,甚至成为障碍;它是怎样在政治上也已阻碍城市的发展,阻碍当时只有在君主制形式中才有可能存在的民族国家的发展。尽管如此,还是有一种情况在维持着封建贵族:直到此时为止他们仍然保持着军事上的垄断地位,没有他们就不能进行战争,一仗也不能打。这种局面也必须改变,应该采取最后步骤向封建贵族表明:他们统治社会和国家的时期结束了,他们的骑士身份再也没有用了,即使在战场上也是如此。

同封建经济作斗争而使用本身就是封建的军队(这种军队的士兵同他们的直接的封建领主的联系要比他们同国王军队指挥部的联系更为紧密),显然意味着陷入绝境,寸步难行。所以,从14世纪初起,国王们就力图摆脱这种封建军队,建立自己的军队。从这时起我们就看到,在国王军队中,由招募或雇佣的部队组成的部分不断增长。最初建立的多半是步兵部队,它们由城市游民和逃亡农奴组成,其中包括伦巴第人、热那亚人、德意志人、比利时人等等,他们被用来驻防城市或进行围攻,起初在野战中几乎不被使用。但是到中世纪末,我们就已经看到,有些骑士连同他们的不知用什么方法招募的扈从队投奔外国君主,受雇为他们服务,这种迹象表明了封建军事制度的彻底崩溃。

同时,在城市和在自由农民中间(在还保留着自由农民或重新出现自由农民的地方),形成了建立能征善战的步兵的基本条件。在这以前,骑士和他们的骑兵扈从与其说是军队的核心,不如说就是军队本身;随军征伐的大群农奴后备步兵是不算数的,看来他们到战场上只是为了逃跑和抢劫。在封建制度继续繁荣时期,即13世纪末以前,进行和决定一切战争的是骑兵。从这以后,情况改变了,而且各地是同时改变的。在英国,农奴制度逐渐消灭,形成了一个人数众多的自由农民即土地占有者(自耕农)或佃农的阶级,他们是善于使用当时英国的民族武器——弓箭——的新步兵的来源。这种射箭手不论在行军中是否骑马,在作战时总是徒步的,他们的出现促使英国军队的战术发生了根本变化。从14世纪起,在地形和其他条件容许的地方,英国的骑士是选择徒步战斗的。射箭手先开始战斗,挫折敌人的斗志,后边就是徒步骑士的密集方阵等候敌人的攻击,或者待适当时机向前冲锋,只有一部分骑士仍然骑着马,以便在紧要关头侧击增援。当年英国人在法国不断取得胜利[94],主要是由于在军队中恢复了防御因素。这些战役大部分是采用了进攻性反击的防御战,就像威灵顿在西班牙和比利时进行的战役一样。[95]随着法国人采用新战术(可能是从他们雇用的意大利弩手起着英国射箭手的作用的时候起),英国人的胜利就告终了。

同样,在14世纪初期,佛兰德各城市的步兵已经敢于在野战中对抗法国的骑士,并且时常取胜;而阿尔布雷希特皇帝企图把帝国的瑞士自由农民出卖给奥地利大公(皇帝本人也是奥地利大公),由此推动了第一支现代的、负有全欧威名的步兵的建立。[96]由于瑞士人战胜了奥地利人,特别是战胜了勃艮第人,才最终使铠甲骑士(骑马的或下马的)屈服于步兵,使封建军队屈服于新兴的现代军队,使骑士屈服于市民和自由农民。瑞士人为了一开始就证明自己的共和国——欧洲第一个独立的共和国——的资产阶级性质,便立即把他们的军事荣誉**变成了金钱**。一切政治上的考虑全都消失了:各州变成了招募事务所,为出价最高的人鸣鼓招募雇佣兵。在其他地方,特别是在德意志,也响起了募兵的鼓声;但是,瑞士政府的厚颜无耻(它好像只是为了出卖自己的国民而存在),直到德意志各邦君在民族耻辱最深重时期超过它以前,始终是无人能及的。

后来,同样在 14 世纪,阿拉伯人把火药和大炮经过西班牙传到了欧洲。直到中世纪末,小型火器还不重要,这一点是可以理解的,因为在克雷西作战的英国射箭手的弓箭同在滑铁卢作战的步兵的滑膛枪射得一样远,而且或许射得更准些(虽然效果不同)。[97]野炮也同样处于幼年时期;相反,重炮却已经多次打穿骑士城堡的无掩蔽的石墙,向封建贵族宣告:他们的统治随着火药的出现而告终了。

印刷术的推广,古代文献研究的复兴,从 1450 年起日益强大和日益普遍的整个文化运动,[98]所有这一切都有利于市民阶级和王权反对封建制度的斗争。

所有这些原因的共同作用(由于这些原因日益增强的、越来越朝同一方向发展的相互影响,这种共同作用也逐年增强),在 15 世纪下半叶就决定了对封建制度的胜利,尽管这还不是市民阶级的胜利,而是王权的胜利。在欧洲各个地方,直到尚未走完封建制度道路的边远地区,王权都同时取得了胜利。在比利牛斯半岛,当地的两个罗曼语部落合并成西班牙王国,于是说普罗旺斯语的阿拉贡王国就屈从于卡斯蒂利亚的标准语①;第三个部落则把它的各语言区(加利西亚除外)合并成为葡萄牙王国即伊比利亚的荷兰,它从内地分了出去,并且用它的海上活动证明了它独立存在的权利。

---

① 阿拉贡王国和卡斯蒂利亚王国于 1479 年合并。——编者注

在法国，路易十一在勃艮第这个中间国家灭亡[99]以后，终于在当时还是极为残缺不全的法国领土上广泛恢复了以王权为代表的民族统一，以致他的继承者①已经能够干涉意大利的内乱[100]；而这个统一仅仅由于宗教改革[101]才一度在短期内成为问题。

英国终于停止了它在法国的会使它继续流血的唐·吉诃德式的侵略战争；封建贵族在蔷薇战争[72]中寻找补偿，而收获超过了他们原来的打算：他们互相消耗殆尽，结果使都铎王朝登上了王位，其拥有的王权超过了以前和以后的所有王朝。斯堪的纳维亚各国早已合并。波兰自从和立陶宛合并[102]以后，在王权尚未削弱的情况下，进入了它的光辉时期；甚至在俄国，在征服诸侯的同时，又摆脱了鞑靼人的压迫，这种局面由伊万三世最后固定下来。全欧洲只剩下两个国家，在那里，王权和那时无王权便不可能出现的民族统一根本不存在，或者只是名义上存在，这就是意大利和德意志。

弗·恩格斯写于 1884 年底　　　　　原文是德文

第一次用俄文发表于 1935 年　　　　选自《马克思恩格斯文集》第 4 卷
《无产阶级革命》杂志第 6 期　　　　第 215—225 页

---

① 查理八世。——编者注

弗·恩格斯

关于《农民战争》[103]

宗教改革——路德的和加尔文的宗教改革[104]——是第一号资产阶级革命，而农民战争是其中的关键性的事件。封建制度的瓦解，以及城市的发展，二者引起了地方分权制；因此就产生了实行专制君主制、从而把各民族结合起来的直接必要性。这种君主制**必然**是专制的，正是由于一切因素的离心性。但是，不应该庸俗地理解它的专制性质；它处于时而同各个等级、时而同叛乱的封建主和城市的不断斗争之中；等级在任何地方都没有被取消；因此，宁可把它称为**等级的**君主制（后封建的、处于瓦解中的封建君主制和萌芽中的资产阶级君主制）。

————

第一号革命——它是比英国革命更为欧洲式的革命，它成为欧洲式的革命比法国革命快得多——在瑞士、荷兰、苏格兰、英格兰，以及从某种程度上说在瑞典（早在古斯塔夫·瓦萨时期）和丹麦（在这里到1660年才通过正统专制形式）都获得了胜利。

————

I.①在德国的原因。历史溯源。在民族大迁徙[105]的英雄时代以后,德国四分五裂,直到查理大帝以法兰克王国为开端实现德国的复兴。与此俱来的还有罗马帝国思想。奥托加以发扬。它在更大程度上是非德国的,而不是德国的。德国在霍亨施陶芬王朝时期由于这种政策——掠夺意大利各城市——而崩溃。因此,割据的局面——更不必说反叛事件——日益加剧。从"空位时期"[106]到15世纪的发展。城市的繁荣。德国从来没有得到充分发展的封建制度在诸侯的压迫下瓦解(皇帝作为邦君是帝国骑士的**反对者**,而作为皇帝是他们的**维护者**)。农民的逐渐解放,直到15世纪形势发生逆转。在物质方面,德国与当时各国完全处于同一水平。——具有决定意义的是:德国由于地方割据和**长期未遭入侵**,民族统一的需求并不强烈,不像法国那样(百年战争[94]),不像刚刚从摩尔人手中夺回的西班牙那样,不像不久前才赶走鞑靼人的俄国那样,也不像英国那样(蔷薇战争[72]);同样具有决定意义的是,恰恰在这个时期,皇帝们也处于十分可怜的地位。

II. 欧洲的文艺复兴,它是以封建制度的普遍瓦解和城市的繁荣为基础的。随后,到处都是民族的专制君主制,只有德国和意大利例外。

III. 宗教改革作为共同愿望等等的唯一可能的**通俗**表现形式所具有的性质。

弗·恩格斯写于1884年底　　　　　原文是德文

第一次用俄文发表于《马克思恩格斯文库》1948年版第10卷　　中文根据《马克思恩格斯全集》2011年历史考证版第1部分第30卷翻译

① 恩格斯标上罗马数字 I 的这段话在手稿中位于标有罗马数字 II 的那段话之后。——编者注

<h1 style="text-align:center">注　　释</h1>

1　本篇序言是恩格斯为 1870 年 10 月在莱比锡出版的《德国农民战争》德文第二版而写的,写作时间是 1870 年 2 月 9 日—11 日之间。

　　　　序言在该书第二版问世以前曾刊登在 1870 年 4 月 2 日和 6 日《人民国家报》第 27 号和 28 号上。1874 年恩格斯又对序言的内容作了补充,经过补充的序言于 1875 年收入该书第三版。——3。

2　《新莱茵报。政治经济评论》(Neue Rheinische Zeitung.Politisch-ökonomische Revue)是马克思和恩格斯于 1849 年 12 月创办的共产主义者同盟的理论和政治刊物。它是马克思和恩格斯在 1848—1849 年革命期间出版的《新莱茵报》的续刊。该杂志 1850 年 3—11 月底总共出了六期,其中有一期是合刊(第 5—6 期合刊)。杂志在伦敦编辑,在汉堡印刷。封面上注明的出版地点还有纽约,因为马克思和恩格斯打算在侨居美国的德国流亡者中间发行这个杂志。该杂志发表的绝大部分文章(论文、短评、书评)都是马克思和恩格斯撰写的。他们也约请他们的支持者如威·沃尔弗、约·魏德迈、格·埃卡留斯等人撰稿。该杂志发表的马克思恩格斯的重要著作有:马克思《1848 年至 1850 年的法兰西阶级斗争》(见《马克思恩格斯选集》第 3 版第 1 卷),恩格斯《德国维护帝国宪法的运动》(见《马克思恩格斯全集》中文第 2 版第 10 卷)和《德国农民战争》。这些著作总结了 1848—1849 年革命的经验,进一步制定了革命无产阶级政党的理论和策略。1850 年 11 月,由于反动势力的迫害,加上资金缺乏,杂志被迫停刊。——3。

3　指 1848—1849 年革命期间设于美因河畔法兰克福的全德国民议会中的极左派,它主要代表小资产阶级利益,但是也得到一部分德国工人的支持。——3。

4　指马克思的《1848 年至 1850 年的法兰西阶级斗争》。这一著作写于 1849 年底—1850 年 3 月底和 1850 年 10 月—11 月 1 日,是一篇专为《新莱茵报。政治经济评论》撰写的连载文章。见《马克思恩格斯选集》第 3 版第 1 卷。——4。

5　1860 年 5 月 15 日,普鲁士议会应政府的要求,就 1861 年 6 月 30 日前为军事部拨款 900 万塔勒"用以临时保证军队做好战斗准备,并增强其军事实力"一事举行投票。投票结果有 315 票赞成,2 票反对,5 票弃权,这表明普鲁士的资产阶级事实上已对政府改组军队作了让步。——5。

6　民族自由党是以普鲁士资产阶级为主的德国资产阶级的政党,于 1866 年秋在资产阶级的进步党分裂之后成立。民族自由党为了满足资产阶级的物质利益而放弃了资产阶级争取政治统治的要求,把在普鲁士的领导下统一德意志各邦作为自己的主要目标。该党的政策反映了德国自由资产阶级向俾斯麦政府投降的立场。——5。

7　指巴伐利亚、巴登、符腾堡,这三个邦在 1866 年普奥战争之后尚未并入普鲁士,直到 1870 年才加入北德意志联邦(见注 18)。——6。

8　重大政治历史事件的德文原文是 Haupt- und Staatsaktion,其原意是"大型政治历史剧",指 17 世纪和 18 世纪上半叶德国巡回剧团演出的戏剧。这些戏剧用夸张的、粗俗的和笑剧的方式展现悲剧性的历史事件。——6、13。

9　1866 年普奥战争之后,普鲁士把汉诺威王国、黑森-卡塞尔选帝侯国和拿骚大公国并入了自己的版图。——6、13。

10　指德国人民党。该党成立于 1865 年,主要由德国南部各邦的小资产阶级民主派以及一部分资产阶级民主派组成,因此又称为南德人民党或士瓦本人民党。德国人民党执行反普鲁士政策,提出一般民主口号,反对确立普鲁士对德国的领导权,宣传实行联邦制,反对以集中统一的民主共和国的形式统一德国,反映了德意志某些邦的分立主义意图。

　　1866 年,以工人为基本核心的萨克森人民党并入德国人民党。人民党的这支左翼,除了反普鲁士的情绪和力求共同努力以民主方法解决国家的全民族统一问题之外,实质上与原来的德国人民党毫无共同之处,以后它就朝着社会主义的方向发展。后来该党的基本成员脱离了小资产阶级民主派,于 1869 年 8 月参加了德国社会民主工党的建立工作。——6。

11 指 19 世纪 60 年代在普鲁士实行的官僚主义的工业规章制度,这种制度对许多工业部门规定了特别许可(经营权)制,得不到特别许可,就不能从事工业活动。这种半中世纪式的经营法束缚了资本主义的发展。直到 1870 年 6 月 11 日法令才规定允许建立合股企业而无须事先获得许可。——7。

12 指 1848 年 6 月巴黎无产阶级的起义。二月革命(见注 41)后,无产阶级要求把革命推向前进,资产阶级共和派政府推行反对无产阶级的政策,6 月 22 日颁布了封闭"国家工场"的挑衅性法令,激起巴黎工人的强烈反抗。6 月 23—26 日,巴黎工人举行了大规模武装起义。经过四天英勇斗争,起义被资产阶级共和派政府残酷镇压下去。马克思论述这次起义时指出:"这是分裂现代社会的两个阶级之间的第一次大规模的战斗。这是保存还是消灭资产阶级制度的斗争。"(见《马克思恩格斯选集》第 3 版第 1 卷第 467 页)——8。

13 萨多瓦会战是 1866 年 7 月 3 日以奥地利和萨克森的军队为一方,普鲁士军队为另一方,在捷克萨多瓦村附近的克尼格雷茨(赫拉德茨-克拉洛韦城郊)进行的会战。这是 1866 年普奥战争中的一次决定性会战,以奥军败北而告终。历史上这次会战又称克尼格雷茨(赫拉德茨-克拉洛韦)会战。——9、13。

14 指国际工人协会巴塞尔代表大会。大会于 1869 年 9 月 6—11 日举行。马克思没有出席这次代表大会,但是积极参加了大会的准备工作。他在总委员会按大会议程进行讨论时就土地问题(1869 年 7 月 6 日)、继承权问题(7 月 20 日)和普及教育问题(8 月 10 日和 17 日)发表了意见,发言记录被保存了下来(见《马克思恩格斯全集》中文第 1 版第 16

卷第648—656页）。

　　巴塞尔代表大会再次讨论了土地问题,大多数代表赞成废除土地私有制,实行土地公有制;通过了关于在全国范围和国际范围内把工会联合起来的决议,以及一系列关于从组织上巩固国际和扩大总委员会权力的决议。在巴塞尔代表大会上,马克思的拥护者和巴枯宁及其追随者围绕继承权问题发生了激烈争论。——11。

15　恩格斯《德国农民战争》第三版准备付印时,对自己在1870年2月为该书第二版写的序言作了补充。经过补充的序言收入1875年莱比锡出版的《德国农民战争》第三版,恩格斯注明的写作日期是1874年7月1日。——13。

16　色当会战是1870年9月1—2日在法国东北部城市色当附近进行的会战。这是1870—1871年普法战争的一次决定性会战。在这次会战中,法军全部被击溃。法军司令部1870年9月2日签了投降书,以拿破仑第三为首的10万余名官兵全部成为俘虏。法军在色当会战中的惨败加速了第二帝国的灭亡,法兰西共和国遂于1870年9月4日宣告成立。——13。

17　指1871年1月18日普鲁士国王威廉一世(德国皇帝)在凡尔赛宫宣告成立的德意志帝国。

　　这里套用了德意志民族神圣罗马帝国(962—1806年)的名称,以此强调指出,德国的统一是在普鲁士的霸权下实现的,与此同时还引起了德国各省的普鲁士化。——13。

18　北德意志联邦是1867年建立的以普鲁士为首的德意志联邦国家,它取代了已经解体的德意志联邦。加入北德意志联邦的有19个德意志邦和3个自由市,它们在形式上都被承认有自治权。北德意志联邦的宪法保证普鲁士在联邦中居统治地位;普鲁士国王被宣布为联邦元首和联邦武装部队总司令,并被授予指导对外政策的权力。原来在联邦以外的巴伐利亚、巴登、符腾堡和黑森-达姆施塔特在1870年加入了联邦。北德意志联邦的建立在德意志国家统一的道路上向前迈进了一步。1871年1月,随着德意志帝国的建立,北德意志联邦不复存在。——14。

19　指普鲁士在 1866 年的普奥战争中获得胜利后,并吞了汉诺威王国、黑森-卡塞尔选帝侯国、拿骚大公国、法兰克福自由市、荷尔斯泰因和石勒苏益格两公国,以及巴伐利亚和黑森-达姆施塔特的部分领土。

　　普鲁士在直接实行并吞的同时,还迫使奥地利同意废除德意志联邦,建立一个没有奥地利参加的美因河以北德国各邦的新联合。普鲁士和德意志北部的 17 个小邦(这些小邦在战争中站在普鲁士一边)签订了同盟协定,此后不久萨克森和其他一些德意志邦也参加了协定。由此建立了北德意志联邦(见注 18)。——14。

20　由于普鲁士在普法战争中获胜,德国西南的四个邦(巴登、黑森、巴伐利亚和符腾堡)并入了北德意志联邦(见注 18),这一点由 1870 年 11 月签订的正式条约确定下来。从 1870 年 11 月 15 日起,随着德国西南各邦根据条约逐渐并入北德意志联邦,德意志各邦的联盟才在正式文件中定名为德意志联邦。1870 年 12 月 9 日,根据联邦国会的决定,改名为德意志帝国。1871 年 1 月 18 日,德意志帝国正式宣告成立。——14。

21　专区法指普鲁士政府于 1872 年 12 月 13 日为实施"行政改革"而颁布的《普鲁士、勃兰登堡、波美拉尼亚、波森、西里西亚和萨克森省专区法》(《普鲁士王国法令汇编》1872 年柏林版第 661—714 页)。这项法令宣布废除地主在农村中的世袭警察权力,允许各地在一定程度上实行自治。可是,这场"改革"的最终目的仍然是巩固国家机构、强化中央集权,以维护容克的利益。经过"改革",容克及其代理人占据了专区和省的大部分行政职位,因此,那些地区的权力实际上依然掌握在他们手中。——15。

22　法国大革命在 1792 年进入革命的第二阶段。1792 年 8 月 10 日,巴黎人民举行起义,逮捕了国王路易十六,推翻了君主制。代表工业和商业资产阶级的吉伦特派开始掌握政权。1792 年 9 月 21 日,国民公会在巴黎召开,宣布废黜国王,22 日又宣布成立法兰西第一共和国。——15。

23　施皮歇恩会战是 1870—1871 年普法战争中最初几次大会战之一,发生在 1870 年 8 月 6 日。这次会战中,普鲁士军队击败了法国军团。在历史文献中,施皮歇恩会战也称福尔巴赫会战。

　　马斯拉图尔会战也是 1870—1871 年普法战争初期的一次会战,发
生在 1870 年 8 月 16 日。在这次会战中,普军成功地阻止了法国莱茵军
团从梅斯开始的退却,然后截断了它的退路。在历史文献中,马斯拉图
尔会战也称维永维尔会战。

　　关于色当会战,见注 16。——16。

24　当普鲁士国王威廉一世同法国驻普鲁士大使就西班牙王位继承问题进
行谈判时,法国政府要求普鲁士作出保证,永不同意霍亨索伦家族继承
西班牙王位。威廉一世拒绝作出这种保证,并于 1870 年 7 月 13 日将谈
判情况电告奥·俾斯麦。俾斯麦有意删简了电文,并使之带有对法国
挑衅的口吻,然后公之于众。于是拿破仑第三于 1870 年 7 月 19 日正式
向北德意志联邦(见注 18)宣战。——16。

25　德国社会民主工党中央机关报《人民国家报》从 1870 年 9 月 21 日起,
在每期报头上都刊有如下口号:"同法兰西共和国缔结公正的和约! 不
要任何割地! 惩办波拿巴家族及其犯罪同伙!"——17。

26　《人民国家报》(Der Volksstaat)是德国社会民主工党(爱森纳赫派)的中
央机关报,其前身是《民主周报》。1869 年 10 月 2 日—1876 年 9 月 29
日在莱比锡出版,起初每周出两次,1873 年 7 月起每周出三次;创刊时
的副标题是"社会民主工党和工会联合会机关报"(Organ der sozial-de-
mokratischen Arbeiterpartei und der Gewerksgenossenschaften),1870 年 7
月 2 日起改为"社会民主工党和国际工会联合会机关报"(Organ der so-
zial-demokratischen Arbeiterpartei und der Internationalen Gewerksgenos-
senschaften),1875 年 6 月 11 日起又改为"德国社会主义工人党机关报"
(Organ der Sozialistischen Arbeiterpartei Deutschlands);该报反映了德国
工人运动中的革命派的观点,因而经常受到政府和警察的迫害。由于
编辑常被逮捕,致使该报编辑部成员不断更换,但报纸的领导权始终掌
握在威·李卜克内西手里。主持《人民国家报》出版社的奥·倍倍尔在
该报中起了很大的作用。马克思和恩格斯从该报创刊起就为它撰稿,
经常给编辑部提供帮助和指导,使这家报纸成了 19 世纪 70 年代优秀的
工人报刊之一。

　　根据 1875 年哥达代表大会的决定,从 1876 年 10 月 1 日起,开始出

版德国社会主义工人党的统一的中央机关报《前进报》，以代替《人民国家报》和《新社会民主党人报》。反社会党人非常法实行以后，《前进报》于 1878 年 10 月 27 日停刊。——17。

27　指 1874 年 1 月 10 日的德意志帝国国会选举。在这次选举中，德国社会民主工党取得了很大的胜利，有九人当选为议员（其中包括监禁期刚满的奥·倍倍尔和威·李卜克内西），所获选票超过 35 万张，占全部选票的 6%，大大超过了 1871 年选举所获的票数。——17。

28　汉撒同盟是德意志北部沿海城市的贸易同盟。中世纪德语汉撒（Hansa）原意为"行会"或"协会"。从 12 世纪起，该同盟是北德意志商人与英国和佛兰德进行贸易的协作式联合组织；13 世纪末是北海和波罗的海沿岸以及与这两个海相连的河流两岸的城市所结成的贸易和政治同盟。同盟的中心在吕贝克；同盟的宗旨在于垄断东欧北欧同西欧的转运贸易。该同盟的极盛时代是在 14 世纪后半期和 15 世纪前半期，15 世纪末开始衰落，1669 年解体。——22、130。

29　当时的奥地利世袭领地指属于哈布斯堡王朝的奥地利部分，即奥地利公国、克赖因、施泰尔马克、克恩滕、蒂罗尔和所谓的前奥地利。

　　　　前奥地利原文为 Vorderösterreich 或 Vorlande，是皇帝马克西米利安一世于 1491 年建立的奥地利边区，在哈布斯堡王朝的德国西南部地区。恩西斯海姆的阿尔萨斯政府即奥地利边区政府。——24、66、79。

30　农奴制和依附农制是德国封建社会中同时存在的两种主要封建剥削形式。农奴制中有人身依附关系，是最重的封建剥削形式。依附农制与其略有区别。依附农通过世袭租佃方式依附于封建主的土地，已经没有人身依附关系，只有物的依附关系，但通过物的依附关系所承担的徭役与农奴差不多，仍然很重。骑士们的佃农和诸侯们的农庄雇农都不是主要形式，他们都可能同时是依附农。——25。

31　死亡税是领主根据封建权利对已经死亡的农民的份地和财产征收的遗产税（在法国称为"死手权"）。在德国，封建主一般是向继承人征收好家畜。——26。

32　保护金是封建主征收的一种税,作为领主对臣民进行所谓的"司法保护"和"施恩"的报酬。——26。

33　在僧侣封建主可以娶妻的情况下,产业通常因后代继承而脱离教会掌握。教皇格雷戈里七世下令禁止娶妻以后,产业脱离教会掌握的可能性随之消失。——26。

34　什一税是中世纪的一种宗教捐税,由天主教会向居民征收其收成或收入的十分之一。这种税的税额和性质在德国不同的地区也有所区别,多半是大大超过了农民生产的产品的十分之一。通常情况下,是对非粮食作物征收小什一税,而对粮食作物则征收大什一税。18 世纪末至 19 世纪什一税逐渐被废除。——27、85。

35　"公捐"即帝国税,是 15 — 16 世纪德意志封建国家的一种捐税,其征收形式是将人头税和财产税合并在一起,这种税主要由农民承担。——28、33。

36　上任年贡是 14 世纪以来教皇要求征收的一种贡赋。被教皇任命担任教会职务(有俸圣职)的人须向罗马教廷缴纳一次性贡赋。此项贡赋在大多数情况下相当于恩赐职位的一年收益;担任此职务的人则向居民横征暴敛,多倍地收回他上任时所缴纳的贡赋。——28。

37　城关市民指中世纪居住在原城区界桩以外的居民。城市往往为提高防御能力而给他们以公民权。——29、40。

38　1848 — 1849 年革命时期,德国资产阶级自由派在法兰克福国民议会和德意志各邦的国民议会中占据多数,他们在革命的最初几个月里在一些邦(如普鲁士)领导了"立宪政府",但是后来被官僚和贵族代表所取代。立宪派力图保留王权,作为抵制革命进一步深入发展的支柱,他们只采用一部自由资产阶级的宪法来限制王权。立宪派对反动派所采取的调和政策是德国 1848 — 1849 年革命失败的主要原因之一。——30。

39　加洛林纳法典,即查理五世刑罚法规,指 1532 年德意志帝国国会在雷根斯堡通过的《查理五世皇帝和神圣罗马帝国的刑罚法规》。这是德国

第一部刑法典,直到 18 世纪中叶为止,这部法典始终是德国占主导地位的刑法典,它对各种违法行为采取的惩治措施极端残酷,如火刑、肢解、溺毙等等。——33。

40　七月革命指 1830 年 7 月爆发的法国资产阶级革命。1814 年拿破仑第一帝国垮台后,代表大土地贵族利益的波旁王朝复辟,竭力恢复封建专制统治,压制资本主义的发展,限制言论自由和新闻出版自由,加剧了资产阶级同贵族地主的矛盾,激起了人民的反抗。1830 年 7 月 27—29 日巴黎爆发革命,推翻了波旁王朝。金融资产阶级攫取了革命果实,建立了以奥尔良公爵路易-菲力浦为首的代表金融贵族和大资产阶级利益的"七月王朝"。——36。

41　二月革命指 1848 年 2 月爆发的法国资产阶级民主革命。代表金融资产阶级利益的"七月王朝"推行极端反动的政策,反对任何政治改革和经济改革,阻碍资本主义发展,加剧对无产阶级和农民的剥削,引起全国人民的不满;农业歉收和经济危机进一步加深了国内矛盾。1848 年 2 月 22—24 日巴黎爆发革命,推翻了"七月王朝",建立了资产阶级共和派的临时政府,宣布成立法兰西第二共和国。二月革命为欧洲 1848—1849 年革命拉开了序幕。无产阶级和小资产阶级积极参加了这次革命,但革命果实却落到了资产阶级手里。——36。

42　神秘主义是一种宗教唯心主义的世界观,主张人和神或超自然界之间直接交往,并能从这种交往关系中领悟到宇宙的"秘密"。在某些历史条件下神秘主义是反对教阶制和社会等级制的一种形式。这种信仰宣传耶稣再生并在世上建立公正、平等和幸福的"千年王国"(见注 60)。

　　德国的神秘主义从 13 世纪以来在基督教中广泛传播,分为激进和保守两派。神秘主义曾被用来维护平民利益,是闵采尔教理的重要源泉。——37。

43　韦尔登派又称里昂穷人派,是 12 世纪末产生于法国南部下层城市平民中的一个教派。据说,创立者是把所有家产都周济贫民的里昂富商皮·韦尔登。韦尔登派主张放弃私产,认为贫穷是灵魂得到拯救的必要条件;反对天主教教会聚敛财富和神职人员奢侈享乐;号召恢复基督教早期的习俗。该派否定许多教会礼仪和正统教义,认为教会对拯救信徒灵魂没有任何特殊作用,声称施舍、斋戒、弥撒、祷告对已故的信徒都没有任何益处,并否认有炼狱存在。韦尔登派的学说在瑞士西南部和萨伏依山区农民中极为流行,后在西班牙、波希米亚和伦巴第等地也有发展。16 世纪欧洲宗教改革运动时期,该派的信徒大部分参加了新教,成为新教中的一派。——37。

44 阿尔比派是基督教的一个教派,12—13 世纪广泛传播于法国南部和意大利北部的城市,其主要发源地是法国南部阿尔比城。阿尔比派反对天主教的豪华仪式和教阶制度,以宗教的形式反映了城市商业和手工业居民对封建制度的反抗。法国南部的部分贵族也加入了阿尔比派,他们企图剥夺教会的土地。法国北部的封建主和教皇称该派为南方法兰西的"异教徒"。1209 年教皇英诺森三世曾组织十字军征讨阿尔比派。经过 20 年战争和残酷镇压,阿尔比派运动最终失败。——37。

45 阿尔诺德于 1100 年前后生于意大利的布雷西亚,是法国早期唯名论哲学家阿伯拉尔的弟子,1136 年参加布雷西亚反对高级僧侣的斗争,要求僧侣放弃世俗权力,并将财产交给世俗统治者。1146 年阿尔诺德在罗马参加城市民主派反对教皇的斗争,1155 年在罗马被判为异端并被处死。——37。

46 约翰·保尔是英国肯特郡的神父,是罗拉德派(见注 54)出色的传教者。当时英国农村中流传着一句话:"当亚当耕夏娃织的时候,谁是贵族?"这句话就出自约翰·保尔之口。他还在传教时向农民指出:"只要一切还不是公有的,人和人之间的差别还没有消灭,庄主仍然还是我们的主人,英国的事情就永远也好不起来。"1381 年瓦特·泰勒起义(见注 51)时他还在狱中,农民把他从狱中解救出来后,他立即成为起义农民的领袖之一,起义失败后被杀。——37。

47 皮卡第地方的匈牙利牧师名叫雅科布,据说出生在匈牙利。他是 1251 年法国农民反封建起义的领袖之一。因为起义的参加者自称为"上帝的牧童",故这次起义又称牧童起义。——37。

48 约·威克利夫这位神父兼牛津大学教授是英国宗教改革家,欧洲宗教改革运动的先行者。他曾把圣经从拉丁文译成英文,主张用民族语言做礼拜;驳斥没有教皇教会即不能存在的观点,认为教皇无权从英国征收贡赋及授予英国教士以神职;主张建立脱离教廷控制并隶属于英王的民族教会;宣称"国王的王国直接得自上帝而不是得自教皇";主张没收教会财产,简化宗教仪式;认为圣经的权威高于教会,教徒应听从基督而不应听从教皇。威克利夫的号召得到市民和骑士的拥护,成为15世纪和16世纪所有天主教教会改革者的指导思想,后来的罗拉德派(见注54)也是他的信徒们创建的。1414年罗拉德起义失败后,1415年康斯坦茨宗教会议宣布威克利夫为异端,下令将其遗骸从墓中掘出,焚尸扬灰。——38。

49 胡斯是捷克宗教改革领袖和民族解放运动的活动家,布拉格大学教授。胡斯严厉谴责教皇兜售"赎罪券",反对教会占有土地,抨击教士的奢侈堕落行为,主张用捷克语举行宗教仪式。1415年7月胡斯作为异教徒被处以火刑。对胡斯的处决激起捷克人民更大的义愤,1419年7月30日布拉格发生起义,拉开了民族解放战争的序幕,史称胡斯战争或胡斯运动(1419—1434年)。胡斯战争是捷克民族为反对德国贵族和德意志皇帝的最高权力而进行的带有宗教色彩的农民战争(见恩格斯《匈牙利的斗争》,《马克思恩格斯全集》中文第1版第6卷第199页)。胡斯战争的参加者分为两大派,即代表农民和平民的塔博尔派(见注52)与代表市民和中小贵族的圣杯派(见注50)。战争期间,塔博尔派军队击退了教皇和德意志皇帝组织的五次反对捷克的十字军征讨。最后由于圣杯派同国外封建反动势力实行叛变性的妥协,人民起义遭到失败。胡斯派的运动对16世纪欧洲宗教改革产生了巨大的影响。——38、47、57。

50 加里克斯廷派又译圣杯派,是15世纪上半叶波希米亚的胡斯派民族解放和改革运动中的温和派。这一派别反对德国贵族、德意志帝国和天主教教会;主张做弥撒时,俗人可与主礼教士一样领食圣体(面饼)和圣血(酒),而不是只领食圣体。因其以"圣杯"盛圣血,故而得名。该派主要代表市民和中小贵族的利益,要求自由传教,没收教会财产,限制教士特权,建立不受德意志教士控制的教会。胡斯运动期间,该派曾与塔博尔派(见注52)结盟,共同击退教皇和德意志皇帝对波希米亚的征讨,后转而与天主教势力妥协。塔博尔派于 1434 年遭到失败,胡斯运动也随之被镇压下去。——38。

51　1381 年的瓦特·泰勒起义是中世纪英国最大的一次反封建的农民起义。领导人除泰勒外还有传教者约翰·保尔(见注 46)。起义席卷了全国大部分郡。6 月,起义者在城市贫民的支持下进入伦敦。起义者同国王谈判要求废除农奴制(迈尔恩德纲领),归还村社土地,一切等级平等(斯密茨菲尔德纲领)。起义领袖泰勒在与国王谈判时被谋杀。起义虽遭镇压,但对农奴制和徭役制的废除起到了促进作用。——39。

52　塔博尔派是 15 世纪上半叶同德国封建主和天主教会进行斗争的波希米亚胡斯派民族解放运动和宗教改革运动中革命的、民主的一翼。塔博尔派之名得自 1420 年建成并成为该派政治中心的城市塔博尔。该派建立了自己的军队,领袖之一是扬·杰士卡,基本群众是农民和城市平民,其中大多数人主张消灭封建所有制和封建特权,没收天主教会财产,建立一个"没有国王的国家",并试图在消费方面实行平均共产主义的原则。该派曾经联合胡斯运动中的温和派——圣杯派(见注 50),多次击退教皇和德意志皇帝对波希米亚的征讨,后来由于圣杯派与天主教势力妥协,塔博尔派于 1434 年遭到失败,胡斯运动也随之被镇压下去。——39。

53　鞭笞派是一个宗教禁欲主义派别,盛行于 13 世纪到 15 世纪的欧洲。鞭笞派宣称可以通过自我折磨来赎免罪恶。最初该派曾被利用作为反对皇室、增强教会势力的工具,15 世纪由于该派揭露僧侣罪恶,要求教会改革,开始遭到教会的迫害。——39。

54　罗拉德派是英国和欧洲其他一些国家的宗教派别。罗拉德(Lollard)一词源于中古荷兰文 Lollaert,意为"喃喃的祈祷者"。大约在 1300 年前后该派以慈善团体的名义出现在安特卫普。14 世纪中叶,英国的罗拉德派大多是宗教改革者约翰·威克利夫(见注 48)的信徒,又较之更为激进,其主要代表人物是约翰·保尔(见注 46)。该派主张废除徭役,取消什一税及其他捐税,剥夺教会财产,实现社会平等以至财产平等。罗拉德派传教士穿粗制裰裳,活动于城乡下层人民中间,曾参加 1381 年的瓦特·泰勒起义(见注51)。从14世纪末叶起这一宗教派别遭受到残酷的迫害。1414年英国的罗拉德派又发动起义,起义失败后不少信徒迁往欧洲大陆和苏格兰。罗拉德派的活动对16世纪英国宗教改革产生了一定的影响。——39。

55 锡利亚一词源于希腊文 Chilias,意为"一千年的时期"。锡利亚教义产生于奴隶制度解体时期,宣传基督复临,在世上建立公正、平等和幸福的"千年王国"(见注60)的宗教神秘主义学说,反映了农民和城市平民的心态。恩格斯把这种信仰称做"锡利亚式狂想"。在基督教早期,这种信仰流传很广,后来经常出现在中世纪各种教派的教义中。——40、47。

56 奥格斯堡告白是新教路德宗的信仰纲要,由路德授意其亲信菲·梅兰希顿起草,于1530年提交神圣罗马帝国皇帝查理五世在奥格斯堡召开的帝国议会。这一纲要从市民"廉价教会"的理想出发,规定宗教仪式(废除豪华的仪式,简化教会的等级等等),确立教会从属于世俗统治的原则,宣布以领主王公取代教皇作为教会的首脑。皇帝拒绝接受奥格斯堡告白。赞同路德新教改革的王公与皇帝进行的战争于1555年以缔结奥格斯堡宗教和平协定而告结束。根据这一协定,每个王公有权自行决定其臣民的宗教信仰。——43。

57 岩礁和大漩涡是希腊传说中某个海峡的海洋怪兽。谚语中以此形容两个同样大的灾难。——43。

58 三月革命是德国1848—1849年资产阶级民主革命的开端。1848年3月初,柏林群众举行集会,要求取消等级特权、召开议会和赦免政治犯。国王弗里德里希-威廉四世调动军队进行镇压,遂发生流血冲突。3月13日,维也纳人民推翻梅特涅统治的消息传到柏林,斗争进一步激化。国王慑于群众的威力,并企图拉拢资产阶级自由派,阻止革命发展,于17、18日先后颁布特别命令,宣布取消书报检查制度;允诺召开联合议会,实行立宪君主制。资产阶级自由派遂与政府妥协。柏林群众要求军队撤出首都,在遭到军警镇压后,于3月18日构筑街垒举行武装起义,最终迫使国王于19日下令把军队撤出柏林。起义获得了胜利,但是起义的成果却被资产阶级窃取,3 月 29 日普鲁士成立了康普豪森—汉泽曼内阁。——45。

59 托·闵采尔的出生年月不详。在威·戚美尔曼《伟大农民战争通史》1842 年斯图加特第 1 版中,闵采尔的出生年份是 1498 年。但是根据 1506 年 10 月莱比锡大学学生名册的记录来看,他应当生于 1490 年前后,因为 16 世纪初大学生首次注册入学的普遍年龄是 16 岁。——46。

60 千年王国是基督教用语,指世界末日到来之前,基督将再次降临,在人间为王统治一千年。届时魔鬼将暂时被捆锁,福音将传遍世界。此语常被用来象征理想中的公正平等、富裕繁荣的太平盛世。——47。

61 再洗礼派是欧洲中世纪基督教的一个教派。该派不承认为婴儿所施的洗礼,主张成年后须再次受洗。该派在 16 世纪宗教改革运动中出现在德国、瑞士和荷兰等地。其主要成员为农民和城市平民,他们仇视封建制度及其支柱天主教,信仰宣传基督复临并在世上建立公正、平等和幸福的"千年王国"的宗教神秘主义学说。该派中一部分人主张财产公有,反对贵族、地主和教会的封建土地占有制度,积极参加了 1524—1525 年的德国农民战争,后来被统治阶级残酷镇压。——47、86。

62 尼·施托尔希是茨维考的裁缝,以宣传锡利亚教义(见注 55)而著名,是再洗礼派的领袖。托·闵采尔曾受其影响,认为他对圣经的理解高出所有的牧师。1522 年施托尔希在图林根和闵采尔一起成为农民战争的领袖。——47。

63 指德国唯心主义哲学家大·施特劳斯和其他青年黑格尔派的观点。他们在自己的早期著作中宣传了一种将神与整个世界等同的宗教哲学,与中世纪异端的神秘主义一样均属泛神论。——49。

64 事实上托·闵采尔离开阿尔施泰特以后,首先来到帝国直辖市米尔豪森,1524 年 9 月由于参加当地城市平民骚乱被驱逐,才由米尔豪森来到纽伦堡。——54。

65 天主教规定的圣礼有七种,即圣洗、坚振、告解、圣体、终傅、神品和婚配。——54。

66　清教徒是基督教新教教徒中的一派,16世纪中叶产生于英国,原为英国
国教会(圣公会)内以加尔文教义(见注104)为旗帜的新宗派,如长老
会、公理会等。清教徒要求"清洗"英国国教内保留的天主教旧制和烦
琐仪文,反对王公贵族的骄奢淫逸,提倡"勤俭清洁"的简朴生活,因而
得名。16世纪末,清教徒中开始形成两派,即温和派(长老派)和激进
派(独立派)。温和派代表大资产阶级和上层新贵族的利益,主张立宪
君主政体。激进派代表中层资产阶级和中小贵族的利益,主张共和政
体。——58。

67　独立派是英国清教徒中的激进派,16世纪末开始形成,反对专制主义和
英国国教会,反对设立国教,更不赞成教会从属于国家政权。这一宗教
政治派别代表中等工商业资产阶级和资产阶级化了的中小贵族的利
益,在17世纪英国资产阶级革命开始后,他们单独成立了一个政党,主
张推翻并处决君主,成立共和国。1648年在奥·克伦威尔领导下,该派
取得了政权,1649年共和国成立后,镇压平等派和掘地派的人民群众运
动,并于1653年建立了军事专政的"护国政府"。——58。

68　士瓦本联盟于1488年由德国西南部的王公、中下等贵族和帝国直辖市
建立,很快成为统治阶级镇压农民和城市平民的主要工具。该联盟拥
有自己的司法行政机关和军队,1534年因内部纠纷而解体。——63、
80、84、97。

69　塞克勒人指居住在特兰西瓦尼亚东部山区的马扎尔人部落,其成员大
都参加边防部队。1848年以前他们拥有很多特权,享受同贵族一样的
待遇。——70。

70　西西里晚祷指1282年3月31日在巴勒莫发生的人民起义。起义以晚
祷的钟声为信号,矛头直指从1267年起统治意大利南部和西西里的法
国安茹王朝。4月,起义遍及全岛,消灭了数千名法国骑士和士兵,最后
将整个西西里从安茹王朝统治下解放出来。——70。

71　路德开始自己的宗教生涯时是图林根奥古斯丁修道院的一名普通修

士。1517 年 10 月 31 日,他在维滕贝格教堂门前张贴了《九十五条论纲》,抗议教皇滥用特权,派教廷大员以敛财为目的向各地教徒兜售赎罪券,并要求对此展开辩论。随着《九十五条论纲》的传播,掀起了宗教改革运动。——73。

72 蔷薇战争亦称玫瑰战争,是 1455—1485 年在英国约克家族和兰开斯特家族之间为争夺王位而进行的战争。约克家族的族徽上饰有白色蔷薇,兰开斯特家族的族徽上则饰有红色蔷薇。站在约克家族一方的有经济比较发达的南部的一部分大封建主,以及骑士和市民阶层;支持兰开斯特家族的则是北部诸郡的封建贵族。这场家族之间自相残杀的战争几乎使古老的封建家族消灭殆尽,其后英国建立了新的都铎王朝,并实行专制政体。——75、139、141。

73 德意志三色旗指黑红黄三色旗帜,是德意志民族统一的象征,在 1848—1849 年革命时期被宣布为德国的国旗,也是维护帝国宪法运动的旗帜。但是,德国农民战争时期农军各部的旗帜颜色不同,例如红白或红黑等等,当时并没有出现黑红黄三色旗。——80。

74 皇帝的诏书中说,根据马克西米利安大帝的旨意,地方法庭的法官只能由"高贵的"阶层的代表担任。——81。

75 南部高地指上巴登地区,即与瑞士接壤的巴登南部山地。16 世纪,这一地区只有一部分属于巴登封疆伯爵,其他部分则属于奥地利的布赖斯高,或者由较小的教会的和世俗的封建主管辖。——81。

76 指 1525 年初在纽伦堡出版的一本匿名小册子《为说明激愤是否正当以及在和政权的关系方面他们应该做些什么和不应该做些什么这件事,致高等德意志民族和其他许多地区所有义愤填膺举行起义的农民的会议的文告。它是根据上帝的圣书,在编写和阐述时曾得到南部高地的同僚们的完全同意》。威·戚美尔曼认为这篇文告的作者是托·闵采尔。——82。

77 鸠迪加礼拜日(原文是"Sonntag Judica",直译为"审判的星期日")是耶稣复活节前的第二个星期日。——84。

78　引自 1525 年 3 月士瓦本联盟在乌尔姆的联合政权会议上通过的决议。在乌尔姆档案中有一份文件记载了这项决议。见威·戚美尔曼《伟大农民战争通史》1842 年斯图加特版第 2 卷第 167 页。——84。

79　维尔茨堡主教教堂议事会是管理维尔茨堡教区的宗教委员会,该会主持人维尔茨堡主教同时还有法兰克尼亚公爵的封号。——86。

80　德意志骑士团又称条顿骑士团,是 1190 年十字军征讨时在普鲁士建立的德意志僧侣骑士团。骑士团在德国和其他国家夺得了许多领地,这些领地由骑士团的高官即团长(或共杜拉)治理。13 世纪时,骑士团用征服和消灭当地立陶宛居民的办法占领了东普鲁士,并使之成为继续侵占波兰、立陶宛和俄罗斯各公国的堡垒。1237 年该骑士团和另一个德国骑士团,即同样在波罗的海沿岸建立的利沃尼亚骑士团联合。1242 年楚德湖之战(冰上激战)和 1410 年格伦瓦尔德之战失败以后,骑士团开始衰败,于 1466 年臣服于波兰。1525 年,僧侣骑士团波罗的海沿岸的领地变为世俗的普鲁士公国。——88。

81　奥芬堡条约于 1525 年 9 月 18 日由布赖斯高起义者与奥地利政府签订。条约规定恢复农民过去所担负的徭役并施行严格取缔农民团体和"异教徒"的条例;政府对普通的运动参加者免予刑罚,仅对其处以较轻的罚金,但是起义的领袖们不能得到政府的赦免。可是,奥地利官方和地方封建主们背信弃义,起义者刚放下武器,大批人便马上惨遭屠杀。——105。

82　黑林山农军被迫于 1525 年 11 月 23 日与奥地利政府签订条约,条约规定农民必须再次向哈布斯堡王朝保证恢复他们过去所承担的徭役,并且不得阻碍胜利者在运动的中心瓦尔茨胡特城进行屠杀。但此后农军在瓦尔茨胡特城继续坚持了好几个星期,由于市民阶级上层分子的叛变该城才落入敌手。——105。

83　1525 年 3 月 17 日在米尔豪森通过选举产生的"永久市政会"是当权的资产阶级各个阶层妥协的产物,平民阶层仍被排除在外。事实上,闵采尔并不属于"永久市政会",也没有担任正式职务,但是,他参加市政会举行的会议。——108。

注 释

84 指小资产阶级社会主义者路易·勃朗和工人阿尔伯(亚历山大·马丁),他们作为无产阶级的代表进入了1848年二月革命后成立的法兰西共和国的资产阶级临时政府。——109。

85 帝国摄政府是由法兰克福全德国民议会中的自由民主派"残阙议会"于1849年6月在斯图加特成立的,由选出的弗·拉沃、卡·福格特、亨·西蒙、弗·许勒尔和奥·贝谢尔五人组成,以代替1848年6月以来在德国存在的、以帝国摄政约翰大公为首并公开奉行反革命方针的所谓中央政权。帝国摄政府力图借助议会手段来保证实施法兰克福议会制定的,而被德意志各邦君主所拒绝的帝国宪法,但是没有成功。1849年6月18日,"残阙议会"被符腾堡的军队驱散,帝国摄政府随之解散。——109。

86 车垒是以车辆构成的防御工事,在古代和中世纪曾广为采用。——112。

87 阿尔萨斯农军的十二条款不仅较士瓦本—法兰克尼亚农军的十二条款(废除农奴制、归还被贵族夺去的公共土地等等)更强烈地表达了反封建的要求,而且在许多方面还超过了这一纲领。阿尔萨斯农军的十二条款还反对高利贷(如关于废除高利贷的条款等),要求不仅取消小什一税,而且取消大什一税,宣布当地人民有权撤换那些引起民愤的官员,任用新人。——114。

88 三十年战争(1618—1648年)是一次全欧洲范围的战争,由新教徒和天主教徒之间的斗争引起,是欧洲国家集团之间矛盾尖锐化的结果。德国是战争的主要场所,是战争参加者进行军事掠夺和侵略的对象。

三十年战争分为四个时期:捷克时期(1618—1624年)、丹麦时期(1625—1629年)、瑞典时期(1630—1635年)以及法国瑞典时期(1635—1648年)。

三十年战争以1648年缔结威斯特伐利亚和约而告结束,和约的签订加深了德国政治上的分裂。——120。

89 这篇文章写于1884年底,是恩格斯为准备新版《德国农民战争》写的未完成的文稿。恩格斯在1884年12月31日写给弗·阿·左尔格的信

中,谈到他打算彻底修订《德国农民战争》一书,将把 1525 年农民战争
"作为全部德国历史的轴心"加以论述,因此要对全书的开头和结尾从
史实方面加以充实。从这篇文稿的内容来判断,它应该是新版《德国农
民战争》引言的一部分或第一章的内容。但是,恩格斯由于工作繁忙,
出版《德国农民战争》新版的计划未能实现。这篇文章第一次用俄文发
表于 1935 年《无产阶级革命》杂志第 6 期,标题系俄文版编者所加。
——129。

90　《路易之歌》是中世纪一位无名诗人的诗作,是用古高地德语(莱茵法兰
克语)于 9 世纪末完成的叙事诗。这首诗是献给西法兰克王路易三世
的颂词,赞扬他在 881 年打败了诺曼人。——133。

91　指 842 年在东法兰克王德意志路德维希和西法兰克王秃头查理及其封
臣们在斯特拉斯堡相互间所作的效忠誓约的文本,文本保存完好,系用
古高地德语和古法兰西语写成。——133。

92　易北河地区斯拉夫人是指居住在从易北河到奥得河的中欧地区的西方
斯拉夫人组成的部落。沿易北河地区斯拉夫人曾多次击退德意志部落
的频繁的入侵,而从 10 世纪起,他们又不断遭到德意志封建主的进犯。
虽然他们顽强抵抗,但在 12 世纪,经过血腥的侵略战争,德意志封建主
们占领了他们的土地。一部分斯拉夫居民被杀灭,一部分受德意志征
服者奴役,并在暴力下被迫德意志化。——133。

93　指中法兰克国家。中法兰克国家于 9 世纪中叶由斯海尔德河、莱茵河、
马斯河和索恩河之间的地区组成,是洛塔尔二世从其父亲洛塔尔一世
皇帝那里继承的土地,这个国家按洛塔尔二世的名字得名为洛林。870
年洛塔尔二世死后,洛林大致按语言的分界线被分给他的两个兄弟即东
法兰克王德意志路德维希和西法兰克王秃头查理。——133。

94　指英国人在英法百年战争时期(1337—1453 年)取得的胜利。战争的
起因是两国封建贵族争夺佛兰德地区的工商业城市,因为这些城市是
英国羊毛的主要购买地。此外,英国国王爱德华三世(法王菲力浦四世
的外孙)觊觎法国王位,他提出继承王位的要求,并于 1337 年 11 月对
法宣战。英国于战争初期连续获胜,1360 年双方缔结布雷蒂尼和约,法

国大片领土划归英国。14 世纪 60 年代末法国军队连续发动攻势,至 70 年代,英国人几乎全部被赶出法国。英国在 1415 年阿赞库尔大捷以后,又侵入法国北部。1429 年以贞德为首的法军反抗英国侵略者,解除了奥尔良之围。百年战争以英国 1453 年在波尔多投降而告终。——137、141。

95　指阿·威灵顿在 1808—1813 年伊比利亚半岛战争期间反对法国的战争和 1815 年 6 月 18 日滑铁卢(比利时)会战(见注 97)中取得了胜利。最为著名的是 1809 年的塔拉韦拉会战和 1812 年的萨拉曼卡会战,在这两次战斗中,威灵顿因采取了进攻性反击的战术而大获全胜。——137。

96　奥地利哈布斯堡王朝的德意志皇帝阿尔布雷希特一世拒绝承认他的前任拿骚的阿道夫所确认的瑞士联邦的核心即瑞士各州的自主权,企图借此把这些州控制在奥地利大公的权力之下。14—15 世纪,瑞士各州在为争取独立而进一步斗争的进程中,歼灭了奥地利封建主的军队,争得了不受奥地利统治的国家地位,而仅仅在名义上从属于德意志帝国。——137。

97　1346 年 8 月 26 日,在法国西北部克雷西附近进行了百年战争中的一个大战役;以自由农民组成的步兵为基干的英国军队重挫了以纪律松弛的骑士队为主力的法国军队。

　　1815 年 6 月 18 日,拿破仑的军队在滑铁卢(比利时)会战中被阿·威灵顿指挥的英荷联军及格·布吕歇尔指挥的普鲁士军队击败。这次会战在 1815 年的战局中起了决定性作用,它预示了第七次反法同盟的彻底胜利和拿破仑帝国的崩溃。——138。

98　15 世纪中叶,约·谷登堡发明的活字印刷术成了推动 15—16 世纪欧洲科学和文化发展,并最终促进世界生产力提高的重要因素之一。——138。

99　勃艮第公国是 9 世纪在法国东部塞纳河和卢瓦尔河上游地区建立的,后来兼并了大片领土(弗朗什孔泰,法国北部一部分和尼德兰),在 14—15 世纪成为独立的封建国家,15 世纪下半叶在勃艮第公爵大胆查理时代达到鼎盛。勃艮第公国力图扩张自己的属地,成了建立中央集权的法兰西君主国的障碍;勃艮第的封建贵族和法国封建主结成联盟,共同对抗法国国王路易十一的中央集权政策,并对瑞士和洛林发动了侵略战争。路易十一联合瑞士人和洛林人来对付勃艮第。在反对联盟的战争(1474—1477 年)中大胆查理的军队被击溃,他本人在南锡附近的会战(1477 年)中被瑞士、洛林联军击毙;勃艮第公国本土遂为法国所并,尼德兰部分则转归哈布斯堡王朝。——139。

100　1494 年法国国王查理八世利用意大利政治上的分裂和意大利各邦之间的纷争,入侵意大利并于翌年占领了那不勒斯王国。但是很快意大利各邦联盟就在德意志皇帝马克西米利安一世和西班牙国王斐迪南二世的支持下把法国军队驱逐出去了。查理八世的远征是所谓意大利战争(1494—1559 年)的开端,战争期间,意大利屡遭法国、西班牙和德国侵略者进犯,成了他们为争夺亚平宁半岛统治权而长期争斗的场所。——139。

101　指胡格诺运动。16 世纪胡格诺运动虽然是在加尔文教派(见注 104)的宗教口号下开展起来的,但是实质上却与该教的资产阶级内容毫不相干。参加运动的是不同的社会阶层,也包括农民和手工业者;这一运动被封建显贵和贵族所利用,他们对正在形成的专制国家的中央集权政策不满,力图恢复他们曾享有的中世纪的地方“自由”。胡格诺派与天主教集团之间的内战,即所谓胡格诺战争,断断续续地从 1562 年延续到 1594 年。封建主和资产阶级十分害怕具有反封建性质和一定规模的人民运动,战争驱使他们联合在胡格诺教徒的前领袖纳瓦拉的亨利(波旁新王朝的代表)的周围。1593 年纳瓦拉的亨利放弃加尔文教派,改宗天主教,次年在巴黎正式加冕成为法国国王,号亨利四世,胡格诺战争遂告结束。——139。

102　波兰和立陶宛于 1385 年尝试进行第一次合并,当时两国签订了所谓克拉科夫合并条约,其目的主要在于共同抵御日益严重的条顿骑士团(见注 80)的侵略。15 世纪中叶以前,合并曾数度被废除和恢复,并逐渐从防御性的联合变成了波兰的和立陶宛的封建主反对乌克兰人和白俄罗斯人的联合。1569 年签订了卢布林合并条约,根据这个条约波兰和立陶宛合并成一个国家,称为波兰贵族共和;立陶宛保持自治权。——139。

103 本提纲是恩格斯打算修改《德国农民战争》一书而写的(见注89),看来是他拟定的本书新版的导言(或绪论)计划的一个片段和草稿。提纲是在单页上写的。——140。

104 16世纪欧洲宗教改革运动时期,著名宗教改革活动家让·加尔文(1509—1564年)创立了加尔文教,这是基督教新教流派之一。该教派的教义是"绝对先定"和人的祸福神定的学说。根据这种学说,一部分人是由上帝先定为可以得救的(选民),另一部分人则是永定为受惩罚的(弃民)。加尔文教严格奉行的宗教信条完全符合当时资产阶级的要求。——140。

105 民族大迁徙指公元3—7世纪日耳曼、斯拉夫及其他部落向罗马帝国的大规模迁徙。4世纪上半叶,日耳曼部落中的西哥特人因遭到匈奴人的进攻侵入罗马帝国。经过长期的战争,西哥特人于5世纪在西罗马国境内定居下来,建立了自己的国家。日耳曼人的其他部落也相继在欧洲和北非建立了独立的国家。民族大迁徙对摧毁罗马帝国的奴隶制度和推动西欧封建制度的产生起了重要的作用。——141。

106 空位时期是继1254年霍亨施陶芬王朝结束之后延续到1273年的各个王位追求者之间争夺王位的斗争时期。这一时期的特点,是各王公、骑士和城市彼此之间接连不断的纷争和内讧。1273年,王公之一的哈布斯堡鲁道夫被选登德意志帝国(所谓神圣罗马帝国)王位。——141。

人 名 索 引

A

阿尔布雷希特一世（Albrecht I 1250 前后—1308）——奥地利大公；德意志皇帝（1298 年起）。——137。

阿尔布雷希特三世，勇士（Albrecht III, der Beherzte 1443—1500）——萨克森公爵（1464—1500）；尼德兰总督，曾率军镇压 1488—1493 年尼德兰人民起义和 1500 年弗里斯兰农民起义。——60、61。

阿尔诺德（布雷西亚的）（Arnoldo da Brescia ［Arnoldus Brixiensis］1100 前后—1155）——意大利教士和宗教改革家，1147—1155 年是罗马共和国的领导人；被作为异教徒处死。——37、38。

阿尔瓦公爵，费南多·阿尔瓦雷斯·德·托莱多-皮门特尔（Alba, Fernando Alvarez de Toledo y Pimentel, duque de 1507—1582）——西班牙统帅，1567—1573 年为尼德兰总督，曾残酷镇压尼德兰人民起义。——81。

埃尔瓦，夏尔德（Aylva, Sjard ［Sjurd, Syaard］死于 1509 年）——1500 年弗里斯兰农民起义的领袖。——61。

艾森胡特，安东（Eisenhut, Anton 死于 1525 年）——德国神父；1525 年农民战争时期为克赖希高农民起义领袖之一。——97。

艾特尔·汉斯——见齐格尔米勒，艾特尔汉斯。

安东（Antoine ［Anton］1489—1544）——洛林公爵（1508—1544）；镇压 1525 年阿尔萨斯农民起义的策划者。——115。

奥蒂莉娅──见圣奥迪莉娅。

B

巴赫,瓦尔特(Bach,Walther)──德国雇佣兵,1525 年是阿尔高农军的领袖。
──104、107。

巴枯宁,米哈伊尔·亚历山大罗维奇(Бакунин, Михаил Александрович
1814—1876)──俄国无政府主义和民粹主义创始人和理论家;1840 年起
侨居国外,曾参加德国 1848—1849 年革命;1849 年因参与领导德累斯顿起
义被判死刑,后改为终身监禁;1851 年被引渡给沙皇政府,囚禁期间向沙皇
写了《忏悔书》;1861 年从西伯利亚流放地逃往伦敦;1868 年参加第一国际
活动后,在国际内部组织秘密团体──社会主义民主同盟,妄图夺取总委
员会的领导权;由于进行分裂国际的阴谋活动,1872 年在海牙代表大会上
被开除出第一国际。──18。

巴托里伯爵,伊什特万(Báthory[Batory],István,Graf 死于 1530 年)──匈牙
利贵族;1514 年率领军队镇压匈牙利的农民起义;匈牙利宫廷侍卫(1519—
1530)。──71。

班特尔,汉斯(班特尔汉斯)(Bantel,Hans[Bantelhans])──德国代廷根(符
腾堡)市民,1514 年是"穷康拉德"的领袖之一。──68。

保尔,约翰(Ball,John 死于 1381 年)──英国神父,英国 1381 年农民起义的
左翼思想家和领导人。──37、39。

贝林,汉斯(Berlin,Hans 死于 1560 年前后)──海尔布隆公证人和司法代理
人;1525 年农民起义时是农军营寨中海尔布隆市代表,内卡河谷—奥登林
山农军的农军代表,温和的"阿莫巴赫声明"的倡导者之一,与汉·贝林市
长同宗。──89、98。

贝林,汉斯(Berlin,Hans)──海尔布隆市政会成员和市长;1525 年伯布林根
农民起义失败后试图从士瓦本联盟统帅那里得到一支军队,占领海尔布
隆。──89、98。

波拿巴──见拿破仑第三。

伯海姆,汉斯(Böheim, Hans 人称吹鼓手小汉斯 Pauker, Pfeiferhänslein 死于 1476 年)——德国传教士、牧人和乡村音乐家;1476 年在陶伯河谷传教,发动农民运动;后被维尔茨堡主教俘虏并作为异教徒被烧死。——57—60。

伯利欣根,葛兹·冯(Berlichingen, Götz von 1480 — 1562)——德国骑士,1525 年参加农民起义,任内卡河谷—奥登林山雇佣军支队的步兵上校,在柯尼斯霍芬决战时出卖了农民;歌德的同名剧本和拉萨尔的剧本《弗兰茨·冯·济金根》中的葛兹·冯·伯利欣根的原型。——88、90、99、100。

薄伽丘,乔万尼(Boccaccio, Giovanni 1313 — 1375)——意大利诗人和人文主义者,《十日谈》的作者。——38。

布莱特,约翰(Bright, John 1811 — 1889)——英国政治家,棉纺厂主,自由贸易派领袖和反谷物法同盟创始人;60 年代初起为自由党(资产阶级激进派)左翼领袖;曾多次任自由党内阁的大臣。——7。

布赖滕施泰因,塞巴斯蒂安·冯(Breitenstein, Sebastian von 1464 — 1535)——肯普滕修道院院长(1523 — 1535)。——82、120。

布里斯曼,约翰奈斯(Briesmann, Johannes 1488 — 1549)——东普鲁士的宗教改革家,柯尼斯堡大学的创建人之一。——54。

C

查基,米克洛什(Csáky [Csakyi], Mikloš 1465 — 1514)——匈牙利神学家,乔纳德主教(1500 — 1514),1514 年匈牙利农民起义时被起义者所杀。——71。

查理一世,查理大帝(Charles I, Charlemagne 742 — 814)——法兰克国王(768—800)和皇帝(800—814)。——141。

查理五世(Karl V 1500 — 1558)——德意志神圣罗马帝国皇帝(1519 — 1556),称查理五世;曾为西班牙国王(1516—1556),称查理一世;拉萨尔的剧本《弗兰茨·冯·济金根》中查理五世的原型。——97。

查理八世(Charles VIII 1470—1498)——法国国王(1483—1498)。——139。

吹鼓手小汉斯——见伯海姆,汉斯。

D

大胆查理(Charles le Téméraire 1433—1477)——勃艮第公爵(1467—1477)。
　　——134。

但以理(Daniel)——据圣经传说是先知,但以理书的作者。——48。

迪特里希施坦男爵,西格蒙德(Dietrichstein, Sigmund Freiherr von 1484—
　　1540)——施蒂里亚总督,帝国军事长官,曾镇压1515—1516年阿尔卑斯
　　山区的农民起义;1525年农民战争时期是施蒂里亚陆军指挥官,7月3日
　　在施拉德明被击败,农民战争行将结束时在韦尔芬被起义军捕获,后被释
　　放。——72、116、117。

都铎王朝——英国王朝(1485—1603)。——139。

多扎,盖尔盖伊(Dózsa [Dosa], Gergely 1470前后—1514)——特兰西瓦尼
　　亚的下层贵族,马扎尔人;在希腊反抗土耳其的战争中任军官;1514年
　　是匈牙利农民起义的领袖;起义失败后遭受贵族的酷刑致死。——
　　70、71。

多扎,格雷戈尔(Dózsa, Gregor死于1514年)——特兰西瓦尼亚的下层贵族,
　　1514年匈牙利农民起义的领袖;起义失败后与其兄盖·多扎一起被处死。
　　——71。

E

恩斯特第二(Ernst II 1464—1513)——德国神学家,马格德堡大主教(1476—
　　1513)。——46。

F

菲力浦一世(Philipp I 1479—1533)——巴登封疆伯爵;1514年镇压鞋会暴动
　　的策划者之一,1525年参与镇压德国南部的农民起义;曾任帝国政府的总

督（1524—1527）。——70。

菲力浦一世，仁者（Philipp I，der Großmütige 1504—1567）——黑森邦伯，曾参加镇压 1522 年的骑士起义，镇压 1525 年图林根农民起义的策划者。——77、111、113、120。

斐迪南一世（Ferdinand I 1503—1564）——奥地利大公，德意志神圣罗马帝国皇帝（1556—1564）。——81、91、104—106、116、118。

费尔巴哈尔，马特恩（Feuerbacher，Matern 约 1485—1567）——德国店主，博特瓦尔（符腾堡）市政会成员，市民反对派领袖；1525 年领导符腾堡起义农民和市民的华美基督教农军；起义失败后是唯一被释放（1527）的起义军首领。——92、93、96。

弗朗索瓦一世（François I 1494—1547）——法国国王（1515—1547）。——80。

弗里茨，约斯（Fritz，Joß 死于 1525 年前后）——1513 年莱茵河上游地区鞋会的组织者。——64—66、72。

弗里德里希三世，贤人（Friedrich III der Weise 1463—1525）——萨克森选帝侯（1486—1525）；维滕贝格大学的创建人之一，路德在瓦尔特堡的保护人（1521—1522）。——42。

弗伦茨贝格，格奥尔格·冯（Frundsberg，Georg von 1473—1528）——日耳曼军人，哈布斯堡王室的忠实臣仆，1525 年帕维亚会战的指挥官；1525 年受士瓦本联盟的委托镇压阿尔高和萨尔茨堡大主教区的农民起义。——106、117。

弗洛里安——见格赖泽尔，弗洛里安。

福尔讷，安东（Forner，Anton）——讷德林根（法兰克尼亚）帝国直辖市市长；1525 年 4 月参加农民起义并领导城市平民。——86。

傅立叶，沙尔（Fourier，Charles 1772—1837）——法国空想社会主义者。——18。

G

盖尔,弗洛里安(Geyer,Florian 1490 前后—1525)——法兰克尼亚骑士,站在起义农民一边,曾促使许多法兰克尼亚城市同起义军缔结盟约,他的军事经验被记入陶伯河谷农民起义军的《奥克森弗特军事条例》;农民起义失败后被处死。——87—90、99—102。

盖斯迈尔,米夏埃尔(Gaismair［Geismaier］,Michael 1490 前后—1532)——蒂罗尔行政长官的秘书,布里克森主教的书记员;1525—1526 年阿尔卑斯山区农民起义的左翼领导人;《蒂罗尔邦法》的起草人,设想建立一个农民和矿工的国家;1532 年被奥地利大公的亲信所谋杀。——117—119。

格奥尔格,大胡子(Georg der Bärtige 1471—1539)——萨克森公爵(1500—1539);宗教改革的反对者;镇压图林根农民起义的策划者之一,弗兰肯豪森会战的参加者。——53、54。

格尔伯,埃拉斯穆斯(Gerber,Erasmus 死于 1525 年)——德国手工业者;1525 年阿尔萨斯农民起义的领袖之一;察伯恩会战失败后被俘并被处死。——114。

格尔伯,托伊斯(Gerber,Theus 原名马丁·安格勒 Martin Angerer 约死于 1541 年)——德国制革工人;斯图加特市民军(1525 年同费尔巴哈尔的符腾堡起义军合并)的领袖,起义失败后逃往埃斯林根。——92、96。

格赖泽尔,弗洛里安(Greisel,Florian 人称弗洛里安神父 Pfaffe Florian)——艾希施泰滕(符腾堡)的教士,1525 年士瓦本农民起义的领袖。——94。

格雷贝尔,康拉德(Grebel,Konrad 1489—1526)——瑞士再洗礼派的创始人,闵采尔的信徒,曾在德国南部进行革命宣传。——55。

格雷戈尔(布格贝恩海姆的)(Gregor von Burgbernheim［Burg-Bernheim］)——1525 年安斯巴赫农民起义军的领袖。——101、102。

葛兹——见伯利欣根,葛兹·冯。

古格尔,巴斯蒂安(古格尔-巴斯蒂安)(Gugel,Bastian［Gugel-Bastian］死于

1514年)——巴登农民起义(1514)的领袖之一。——70。

古斯塔夫一世·瓦萨(Gustav I Wasa 1496—1560)——瑞典国王(1523—1560)。——140。

H

哈伯恩,威廉·冯(Habern,Wilhelm von)——普法尔茨选帝侯路德维希的元帅;1525年镇压普法尔茨农民起义的贵族军队首领。——91、104。

黑尔芬施太因伯爵,路德维希(Helfenstein,Ludwig Graf von 1480前后—1525)——奥地利贵族,魏恩斯贝格(符腾堡)地方长官,以残酷无情地对待农民而著称,1525年农民起义中被处死;马克西米利安一世的女婿。——87—89、99。

黑格尔,乔治·威廉·弗里德里希(Hegel,Georg Wilhelm Friedrich 1770—1831)——德国古典哲学的主要代表。——18、49。

亨讷贝格伯爵,约翰(Henneberg,Johann Graf von)——德国僧侣,富尔达修道院院长(1521—1541)。——111、120。

洪施太因伯爵,威廉(Honstein,Wilhelm Graf von 1470前后—1541)——德国法学家,曾一度任弗赖堡(布赖斯高)大学校长;1506年起为斯特拉斯堡大主教,称威廉三世,1524年为美因茨地方长官;1525年镇压农民起义的参加者。——104。

胡布迈尔,巴尔塔扎尔(Hubmaier,Balthasar 1480前后—1528)——德国神学家,教士,后为再洗礼派教徒;闵采尔的拥护者;曾在瓦尔茨胡特传教(1524—1525),在教区和起义农民之间建立联系;后作为浸礼派的领袖在维也纳被烧死。——55、79。

胡登,弗罗文·冯(Hutten,Frowin von)——德国骑士,1522—1523年反对特里尔大主教骑士起义的参加者,1525年是士瓦本联盟的陆军上校,参加镇压农民起义;乌·冯·胡登的堂兄弟。——104。

胡登,乌尔里希·冯(Hutten,Ulrich von 1488—1523)——德国诗人和政论家,

人文主义的主要代表人物,宗教改革的拥护者,德国骑士等级的思想家,1522—1523 年骑士起义的参加者;拉萨尔的剧本《弗兰茨·冯·济金根》中的乌·冯·胡登的原型。——42、74—77、104。

胡斯,扬(Hus[Huß],Jan 1369—1415)——捷克宗教改革的领袖和民族解放运动的活动家,布拉格大学教授,捷克人民的民族英雄;后被控告为异教徒,被烧死。——38、47、57。

华斯哥·达·伽马(Vasco da Gama[Vasco de Gama]1469—1524)——葡萄牙航海家,1497—1498 年发现绕过非洲到达印度的航路。——22。

霍亨洛埃伯爵,阿尔布雷希特(Hohenlohe,Albrecht Graf von)——法兰克尼亚贵族(1525 年起)。——87、88。

霍亨洛埃伯爵,莱奥波德(Hohenlohe,Leopold Graf von)——法兰克尼亚贵族(1525 年起)。——87、88。

霍亨施陶芬王朝——德意志神圣罗马帝国皇朝(1138—1254)。——141。

霍苏(霍索),安塔尔(Hosszu,Antal)——1514 年是匈牙利农民起义的领袖之一。——71。

J

加尔文,让(Calvin,Jean 1509—1564)——法国神学家和宗教改革运动的活动家,新教教派之一加尔文派的创始人。——140。

基督——见耶稣基督。

济金根,弗兰茨·冯(Sickingen,Franz von 1481—1523)——德国骑士,曾参加宗教改革运动,1522—1523 年反对特里尔大主教的骑士起义的领袖;在兰茨胡特的城堡遭攻击时丧生;拉萨尔的剧本《弗兰茨·冯·济金根》中的济金根的原型。——42、74—75、77、122。

居鲁士二世,居鲁士大帝(Kyros[Cyrus]II the Great 约公元前 600—529)——波斯帝国国王(公元前 558—529),阿契美尼德王朝的创立者。——48。

K

卡齐米尔（Kasimir［Casimir］1481—1527）——勃兰登堡—安斯巴赫—拜罗
　　伊特封疆伯爵（1519—1527），霍亨索伦王室法兰克尼亚系的代表人物；镇
　　压安斯巴赫和罗腾堡农民起义和市民起义的策划者。——101、103、104。

康拉德三世（廷根的）（Konrad III von Thüngen 1466 前后—1540）——维尔茨
　　堡主教（1519—1540）；1525 年被起义军驱逐出境，在士瓦本联盟的帮助下
　　才得以收复自己的领地。——90、103。

克里斯托夫第一（Christoph I 1453—1527）——巴登—霍赫贝格封疆伯爵
　　（1473—1527）。——66。

克诺普夫（洛伊巴斯河的）——见施米特，约尔格。

L

拉波尔特施泰恩，乌尔里希·冯（Rappoltstein, Ulrich von）——1525 年是阿尔
　　萨斯赖兴魏尔地方长官。——115。

朗格，马泰乌斯（Lang, Matthäus 1468—1540）——德国贵族，神学家，马克西
　　米利安一世的宠臣；1519 年起为萨尔茨堡大主教和红衣主教；迫害宗教改
　　革的拥护者，镇压 1525 年的农民和市民起义。——116、118。

朗帕特，格雷戈尔（Lamparter, Gregor 1463—1523）——符腾堡公爵乌尔里
　　希的顾问。——68。

劳伦蒂乌斯——见梅萨罗什，劳伦蒂乌斯。

雷布曼，约翰奈斯（汉斯）（Rebmann, Johannes［Hans］）——德国传教士；1525
　　年是农民起义军领袖，格里森农民起义失败后被贵族收买，后为苏黎世地
　　区的神父。——55。

理查（格赖芬克劳的）（Richard von Greiffenklau 1467—1531）——特里尔的选
　　帝侯和大主教（1511—1531），宗教改革的反对者，曾参加镇压 1522—1523
　　年的骑士起义和 1525 年的农民起义；拉萨尔的剧本《弗兰茨·冯·济金

根》中的特里尔的理查的原型。——77、104。

鲁道夫第二·冯·谢伦贝格（Rudolf II von Scherenberg 1405 前后—1495）——维尔茨堡主教（1466—1495）；1476 年镇压汉·伯海姆所领导的陶伯河谷农民起义。——60。

路德，马丁（Luther，Martin 1483—1546）——德国神学家，宗教改革运动的活动家，德国新教路德宗的创始人，德国市民等级的思想家，温和派的主要代表；在 1525 年农民战争时期，站在诸侯方面反对起义农民和城市平民。——35、41—48、51—56、58、73、74、79、140。

路德维希五世（Ludwig V 1478—1544）——普法尔茨选帝侯（1508—1544）；参加镇压 1522—1523 年的骑士起义；参加士瓦本联盟对法兰克尼亚起义农民的征讨（1525）。——69、77、89。

路加（Lukas［Lucas］）——据基督教传说，是路加福音的作者。——48、52、53。

路易十一（Louis XI 1423—1483）——法国国王（1461—1483）。——24、75、139。

路易·波拿巴——见拿破仑第三。

吕埃尔，约翰（Rühel，Johann）——德国律师，马丁·路德的亲戚和追随者。——45。

罗尔巴赫，耶克莱恩（Rohrbach，Jäcklein 1498 前后—1525）——符腾堡的农奴；内卡河谷农民起义的领袖，在攻克黑尔芬施太因的魏恩斯贝格城堡后主张处死黑尔芬施太因伯爵；后被士瓦本联盟军队司令官特鲁赫泽斯下令处死。——87—89、91—93、96、98。

洛歇尔（Lorcher）——符腾堡公爵乌尔里希的顾问。——68。

M

马克西米利安一世（Maximilian I 1459—1519）——德意志神圣罗马帝国皇帝（1493—1519）。——63、72。

马利亚(Maria)——据圣经传说,是耶稣基督的母亲。——57。

曼特尔,约翰(Mantel, Johann 约 1468—1530)——德国神学家,斯图加特的传教士,1525 年农民战争时期是起义军中的激进派,闵采尔的拥护者。——55。

梅茨勒,格奥尔格(Metzler, Georg)——巴登的小店主;1525 年奥登林山—内卡河谷农民起义的领袖之一,华美军司令,属于温和派,华美军被击溃后逃亡。——87—89、98、100。

梅兰希顿,菲力浦(Melanchthon, Philipp 1497—1560)——德国神学家,人道主义者;温和派的代表,马丁·路德最亲密的助手,和路德一起竭力使新教适合诸侯的利益。——52、53。

梅萨罗什,劳伦蒂乌斯(Meszáros, Laurentius 死于 1514 年)——塞格德的教士;1514 年匈牙利农民起义的领导人之一,宣扬激进的思想;后被匈牙利贵族俘虏,并被杀害。——70、71。

门克,亨利希·泰奥多尔·冯(Menke, Heinrich Theodor von 1819—1892)——德国地理学家和民族志学家,曾改编施普鲁纳的《中古史和近代史袖珍地图集》。——132。

门钦根,斯蒂凡·冯(Menzingen, Stephan von 死于 1525 年)——德国贵族;1525 年 3 月罗滕堡手工业者和市民起义的领导人,起义失败后被处死。——86、103、104。

弥勒,汉斯(布尔根巴赫的)(Müller, Hans aus Bulgenbach 死于 1525 年)——德国士兵;1524—1525 年以其杰出的军事才能任黑林山的农民起义军上校;激进思想的传播者;后背叛农民起义,起义失败后被处死。——79、80、82、105。

闵采尔,托马斯(Müntzer[Münzer], Thomas 1490 前后—1525)——德国神学家,宗教改革时期和 1525 年农民战争时期为农民平民阵营的领袖和思想家,宣传空想平均共产主义的思想。——3、32、37、40、41、44、46—56、63、74、80—83、98、108、110—113、116、117。

摩西(Moses[Mose])——据圣经传说,摩西是先知和立法者,他带领古犹太人摆脱了埃及的奴役并给他们立下了约法。——48。

N

拿破仑第三(路易-拿破仑·波拿巴)(Napoléon III〔Louis-Napoléon Bonaparte〕1808—1873)——法兰西第二共和国总统(1848—1851),法国皇帝(1852—1870),拿破仑第一的侄子。——4、8、14—16。

O

奥托一世(Otto I 912—973)——德国国王(936—973)和德意志神圣罗马帝国皇帝(962—973)——141。

欧文,罗伯特(Owen, Robert 1771—1858)——英国空想社会主义者。——18。

P

蒲鲁东,皮埃尔·约瑟夫(Proudhon, Pierre-Joseph 1809—1865)——法国政论家、经济学家和社会学家,小资产阶级思想家,无政府主义理论的创始人,第二共和国时期是制宪议会议员(1848)。——18。

普法伊弗,亨利希(Pfeiffer〔Pfeifer〕, Heinrich 原名亨利希·施韦特费格 Heinrich Schwetfeger 死于1525年)——德国传教士;闵采尔的信徒,米尔豪森市民起义的领导人之一,后被处死。——108、113。

普拉斯勒,卡斯帕尔(Praßler, Kaspar)——德国矿工,1525年6月萨尔茨堡起义农民和矿工的领袖。——116。

普雷吉策尔,卡斯帕尔(Pregizer, Kaspar)——德国刀匠,1514年是“穷康拉德”的领导人之一。——67。

Q

戚美尔曼,恩斯特·威廉·爱德华(Zimmermann, Ernst Wilhelm Eduard 1807—1878)——德国历史学家,小资产阶级民主主义者,1848—1849年革命的参加者,预备议会和法兰克福国民议会议员,属于左派;1841—1843年出版的

《伟大农民战争通史》的作者。——3、42、43、45—48、51—54、57、60、61、89。

齐格尔米勒,艾特尔汉斯(艾特尔·汉斯)(Ziegelmüller, Eitelhans〔Eitel Hans〕)1525 年是北博登湖农军的领袖。——83。

S

撒旦(Satan)——圣经中为恶魔的专称。——53、54。

萨莱雷希(萨莱雷什),安布罗什(Száleresi〔Szaleres〕, Ambros)——佩斯的公民;曾参加匈牙利 1514 年农民起义,曾任起义农军首领,后出卖起义者,投向贵族。——70、71。

沙佩勒尔,克里斯托夫(Schappeler, Christoph 1472—1551)——德国神学家,宗教改革的拥护者;乌·茨温利的追随者;1523—1525 年在梅明根传教,《十二条款》总纲的作者;农民起义失败后为躲避士瓦本联盟的迫害而逃往圣加伦。——55、106。

圣奥迪莉娅(圣奥蒂莉娅)(Odilia, die Heilige〔St. Ottilia〕死于 720 年前后)——阿尔萨斯贵族,多所修道院的创建人;到中世纪,被奉为阿尔萨斯的守护神。——64。

圣西门,昂利(Saint-Simon, Henri 1760—1825)——法国空想社会主义者。——18。

施米德,乌尔里希(Schmid, Ulrich)——德国锻工;巴尔特林根农军的领袖,1525 年是起义军中温和派的代表人物。——82。

施米特,约尔格(洛伊巴斯河的克诺普夫)(Schmidt, Jörg〔Knopf von Leubas〕约 1480—1525)——德国染工,阿尔高农军的领袖,主张团结一致反对贵族;农民战争失败后被处死。——107。

施奈德,格奥尔格(Schneider, Georg)——法国雇佣兵上尉,德国人,1513 年参加上莱茵"鞋会"密谋和上莱茵农民起义的准备工作,起义因泄密而告失败。——65。

施佩特,迪特里希·冯(Spät, Dietrich von 死于 1536 年)——德国贵族,乌拉赫总督,1525 年任士瓦本联盟常备军分队指挥官。——93、96、100。

施普鲁纳·冯·梅尔茨,卡尔(Spruner von Mertz, Karl 1803—1892)——德国历史学家和地图学家,曾编过许多历史地图集和写过许多德国历史方面的著作。——132。

施托尔贝格伯爵,博多(Stolberg, Bodo Graf von 1467—1538)——阿尔布雷希特红衣主教的顾问,马格德堡和哈尔伯施塔特修道院总管。——46。

施托尔希,尼克拉斯(Storch, Niklas 约 1500—1536)——德国织工,16 世纪再洗礼派的地方教派领袖,在闵采尔的影响下成为反对教会和世俗封建主的人民起义的鼓动者。——47。

施托费尔(Stoffel)——德国弗赖堡人,1513 年上莱茵和黑林山"鞋会"的农民密谋的组织者之一,密谋失败后即隐匿。——65。

苏尔茨,鲁道夫·冯(Sulz, Rudolf von)——1525 年是哈布斯堡王朝驻上奥地利的总督,克莱特高邦伯。——79、105。

T

泰勒,瓦特(Tyler, Wat 死于 1381 年)——英国神父,1381 年英国农民起义的领袖。——39。

泰列基,伊什特万(Teleki, István 死于 1514 年)——匈牙利枢密官,王室司库,后为匈牙利财政大臣,1514 年农民起义时被起义者杀死。——71。

唐·吉诃德(Don Quijote〔Quixote〕)——塞万提斯的同名小说中的主要人物。——139。

特里尔的大主教——见理查(格赖芬克劳的)。

特鲁赫泽斯(瓦尔德堡的),格奥尔格第二(Truchseß von Waldburg, Georg II 1488—1531)——士瓦本联盟军队司令官,镇压 1519 年符腾堡乌尔里希起义和 1525 年农民起义的主要策划者。——81、83、84、87、93 — 103、106、107、112。

图恩费尔德,孔茨·冯(Thunfeld, Kunz von)——德国骑士,1476 年是维尔茨堡主教的蕃臣,曾参加尼克拉斯豪森(维尔茨堡主教辖区)汉·伯海姆策动的农民密谋活动。——59、60。

图恩费尔德,米夏埃尔·冯(Thunfeld, Michael von)——德国骑士,1476 年是维尔茨堡主教的蕃臣,曾参加尼克拉斯豪森(维尔茨堡主教辖区)汉·伯海姆策动的农民密谋活动,孔·图恩费尔德的儿子。——59、60。

图姆布(诺伊堡的),康拉德(Thumb von Neuburg, Konrad 1465—1525)——符腾堡公爵乌尔里希的顾问。——68。

W

瓦尔纳瓦(巴尔纳巴什)(Barnabás)——匈牙利教士,1514 年匈牙利农民起义的领导人。——70。

威克利夫,约翰(Wycliffe, John 1324 前后—1384)——英国神学家和宗教改革家;市民和骑士利益的代表者,曾为建立独立的不受罗马控制的英国教会而斗争,被天主教会定为异教徒。——38、39。

威廉第三,斯特拉斯堡主教——见洪施太因伯爵,威廉。

威灵顿公爵,阿瑟·韦尔斯利(Wellington, Arthur Wellesley, Duke of 1769—1852)——英国统帅和国务活动家,托利党人;1808—1814 年和 1815 年在反对拿破仑法国的战争中任英军指挥官;历任军械总长(1818—1827),英军总司令(1827—1828 和 1842—1852),首相(1828—1830),外交大臣(1834—1835)。——137。

韦厄,汉斯·雅科布(Wehe, Hans Jacob 死于 1525 年)——德国传教士,闵采尔的信徒;1525 年是莱普海姆农军的领袖之一,农军失败后被杀。——55、83、87、94。

韦尔泽家族——15—16 世纪奥格斯堡的商人和银行世家;曾贷款给欧洲许多国家的君主。——81。

韦甘德(雷德维茨的)(Weigand von Redwitz 1522—1556)——德国神学家,班贝格主教,镇压班贝格主教辖区起义的策划者。——86、103。

魏特莫泽尔,埃拉斯穆斯(Weitmoser, Erasmus)——德国手工业者,1525 年农民战争时期萨尔茨堡起义矿工和农民的领袖。——116。

乌尔里希(Ulrich 1487—1550)——符腾堡公爵(1498 年起);1519 年被士瓦本联盟驱逐出符腾堡,1525 年曾企图利用农民起义军进攻斯图加特,以图恢复公爵地位,1534 年重新取得符腾堡公爵爵位。——67—69、82、84。

X

希普勒,文德尔(Hipler, Wendel 1465 前后—1526)——德国贵族,霍亨洛埃伯爵家族的总管;1525 年参加法兰克尼亚农民起义;《海尔布朗纲领》的主要起草人;农民起义失败后逃脱,1526 年被捕,死在狱中。——87、89、97—100。

希西家(Hiskia〔Hiskias〕)——圣经中的人物,犹太王,亚哈斯之子及继承者。——48。

辛格尔,汉斯(辛格尔汉斯)(Singer, Hans〔Singerhans〕)——"穷康拉德"同盟和 1514 年士瓦本山区、符腾堡农民起义的领袖。——68。

匈牙利牧师——见雅科布(匈牙利牧师)。

雪恩,乌尔里希(Schön, Ulrich 死于 1525 年)——德国 1525 年农民战争的参加者,莱普海姆农军的领袖之一,后被俘并被处死。——83、94。

Y

雅科布(匈牙利牧师)(Jacob〔Meister aus Ungarn〕)——法国 1251 年牧童起义的领袖;据编年史记载,是匈牙利人。——37。

耶稣基督(基督)(Jesus Christus〔Christus〕)——传说中的基督教创始人。——42、46、48、49、54。

伊万三世(Иван III 1440—1505)——莫斯科大公(1462—1505)。——139。

以利亚(Elias)——圣经中的先知。——48。

约翰(忠实的)(Johann,der Beständige 1468—1532)——萨克森公爵,同魏森的弗里德里希三世共同摄政;1525 年起为萨克森选帝侯;迫害闵采尔的魁首之一,镇压 1525 年图林根农民起义的策划者。——51。

约雅敬(Gioacchino da Fiore 约 1132—1202)——意大利神父,中世纪基督教神秘主义者;卡拉布里亚的费罗拉隐修院院长;曾把世界历史分作三个时期,并预言在第三时期开始阶段将有一场巨变,接着将达到和平幸福的"安息世纪";他的学说被天主教判为异端;其追随者后被称为"约雅敬派"。——47。

约西亚(Josia〔Josias〕)——圣经中的人物,亚们的儿子。据载,约西亚登基时年方八岁,在耶路撒冷做王 31 年,行耶和华眼中为正的事。——48。

Z

扎波略,亚诺什(约翰)(Zápolya〔Zapolya〕,János〔Johann〕1487—1540)——特兰西瓦尼亚总督;曾率领贵族军队镇压 1514 年匈牙利农民起义,1526 年被封为匈牙利国王。——71。

责任编辑：杜文丽

装帧设计：汪　莹

版式设计：周方亚

责任校对：胡　佳

图书在版编目（CIP）数据

德国农民战争/恩格斯著；中共中央马克思恩格斯列宁斯大林著作编译局编译. —北京：
　人民出版社,2016.12
（马列主义经典作家文库）
ISBN 978－7－01－016739－8

Ⅰ.①德…　Ⅱ.①恩…②中…　Ⅲ.①马列著作-马克思主义

　Ⅳ.①A122

中国版本图书馆 CIP 数据核字（2016）第 230974 号

书　　　名	**德国农民战争**
	DEGUO NONGMIN ZHANZHENG
编 译 者	中共中央马克思恩格斯列宁斯大林著作编译局
出版发行	**人民出版社**
	（北京市东城区隆福寺街 99 号　邮编 100706）
邮购电话	（010）65250042　65289539
经　　销	新华书店
印　　刷	北京新华印刷有限公司
版　　次	2016 年 12 月第 1 版　2016 年 12 月北京第 1 次印刷
开　　本	635 毫米×927 毫米 1/16
印　　张	13
插　　页	3
字　　数	158 千字
印　　数	00,001-10,000 册
书　　号	ISBN 978－7－01－016739－8
定　　价	32.00 元